オトナ

# 大人のための
# ワクワク英会話

元気が
出る英語

*Here goes nothing!*

監修：Joseph Tomei　著：中路美由紀

# 大人のための
# ワクワク英会話

― 元気が出る英語 ―

*Here goes nothing!!*

監修　Joseph Tomei

著　中路 美由紀

# はじめに

"この本を手にしたとたん，どこからかエネルギーがみなぎり，
力が湧いてくる…そんな不思議なテキスト"

　幼児から大人までの英会話講師として，30年以上の経験を経て気づいた
ことがあります。それは，子供用のテキストや上級者向けの，全編英語で書
かれた海外出版のテキストが多いのに対し，その中間層に向けての，日本語
で説明がされた大人用のテキストが少ないことです。

　既存のテキストに不便さを感じていたので，ずっと大人用のテキストを捜
し続けましたが見つからず，資料のコピー等で，なんとか過ごしてきました。
　ある頃から，ないのなら自分で作ればいいじゃないかと思うようになり，
これまでのレッスン内容をしたためていた大量のノートをかき集めて，まと
め始めました。
　しかしながら，あまりにも膨大な量の資料やノートを目の前に途方にくれ，
まとめる方法も思い浮かばず，途中で何度もあきらめかけました。

　幸か不幸かコロナ禍という中で，図らずも家に居る時間が増え，落ち着い
て机に向かい合う機会が増えました。
　この状況を逆手にとって，私はまた書き始めました。
　毎日，毎日，コツコツと，どんな逆境にも常に前向きに捉える自分の限り
ないポジティブさと，ステイホームが功を奏し，いろいろなアイディアが浮
かび出し，構想5年，それから1年半をかけて，ようやくまとめ上げること
が出来ました。いわば，私の講師人生の集大成のようなものです。

50回にも及ぶ渡航経験から書き下ろしたものです。

生きた英語，現地で聞いた生の英語，そんなホットな英語をお届けできたら幸いです。

ひとつひとつの単語の意味は分かるけど，全体の意味が分からない。そんな事はありませんか。どんなに単語やイディオムを習得しても，海外ドラマや映画が理解できない。そんな事はありませんか。

教科書にも載っていない，学校でも教えてくれないフレーズ，現地で実際に見た，聞いた，体験した，生きた英語をまとめてみました。

ニュアンスの違い，発想の違い，文化の違いを感じながら，イキイキとした英語を楽しんで頂きたい。

そんな熱い思いで書き上げました。

この本が，英語学習者の人達には，楽しく英語を学ぶきっかけとなり，私のように社会人用のテキストが無くて，何を使って指導したらいいかと考えあぐねていらっしゃる先生方には，テキストとしてご利用頂ければ，この上のない喜びです。

さあ，まずは声に出してみて下さい。

きっと，どこからか力が湧き，この本のタイトルのように元気が出てきて，ワクワクした気持ちになるはずです。

# 目次 (contents)

# 元気が出る英語

## (1) Laughter is the best medicine.

「笑いは最高の薬である」。日本語にも笑いは百薬の長という言葉がありますが，笑うことは，体にも脳にも良い事が，医学的にも証明されています。免疫力を高め気持ちを盛り上げ，痛みを和らげ，ストレスを軽減させてくれます。

私のクラスでは，毎回のレッスンで生徒さん達をいかにして，どれだけ笑わせるかに力を入れてます。レッスン中たくさん笑って，帰る時は，「あー楽しかった」という声が聞こえると「やったあ」と心の中でガッツポーズです。

さあ，皆さんも，つらい時，苦しい時こそ，このフレーズを叫びながら大きな声で笑ってみて下さい。きっといい事がやってきます。

## (2) Try to taste small joys everyday.

「毎日，小さな喜びを味わうように心がけて下さい」

大きな幸せ，喜びじゃなくていいんです。毎日の身の廻りで小さな幸せをみつけて下さい。

朝，すっきり起きられた事，朝ごはんがおいしく食べられた事，窓から見える朝陽がとてもきれいだった事，通勤，通学の途中道端にきれいな小さい花をみつけた事，仕事がなにか1つうまくいった事，朝起きてから床につくまで，小さな幸せはあげれば枚挙にいとまがありません。

小さな喜びは，やがて大きな喜びにつながります。

小さな喜びをみつける度に，このフレーズを言いましょう。

## (3) Try to see the bright side of life.

「人生の明るい面を見るように心がけましょう」

人生には，つらい事，悲しい事がいっぱいあります。でもその暗い面だけを見て下を向いていたのでは，何の解決にもなりません。

だから，いつもその反対側の明るい面を見るように心がけましょう。

暗く生きても一生，明るく生きても一生。

どうせ生きるなら，明るく，楽しく生きましょう。

## ⑷ Try to enjoy this precious moment.

「この貴重な瞬間を楽しみましょう」

もう二度と来ない，今という瞬間を大切に，悔いのないよう思いっ切り楽しみましょう。過ぎた過去を悔やみ悩むのではなく，不確かな未来を杞憂するのではなく，一番確実な"今"という瞬間を精一杯楽しんで生きる。

そうすれば，自ずと明るい未来がやってくる。

さあ，このフレーズを口に出して言いましょう。

## ⑸ Try to be with positive people.

「前向きな人達と一緒にいるようにしましょう」

いつも心がけてポジティブな人達の中にいると，いつも前向きな話題ばかり，自然と自分もポジティブな気持ちになります。

また，あなたがいつもニコニコしていて前向きでいると，廻りには自然に建設的な話題にあふれた人達の集まりができます。

ポジティブな人達は，あなたの心の財産です。

このパワーあふれるフレーズ，声に出して言いましょう。

以上5つが，私がモットーとしているフレーズです。

ここまで読んで，あら，自己啓発の本？と思われた方もいらっしゃるかもしれませんが，いいえ，ちゃんとした英語のテキストです。

言葉にはたましいが宿っているとよく言われます。英語も全く同じ事だと思います。

ポジティブな言葉を口にしていると，いつのまにか，どこからかエネルギーが湧き出てくるものです。

英語を勉強するのと同時に，心も身体も元気になる，それが私の願いです。

# 伝わらない発音

　なかなか英語が伝わらない，聞きとれないの原因の一つに発音の問題があります。

　日本人は，文字を見れば読めるし，意味も分かります。ただ自分が思っている発音と，実際に聞こえてくる発音があまりにも違うため，全く聞き取れないという現象が起こります。

　ここで実際にあった話をご紹介します。


　生徒さんが海外旅行に行った時のことです。機内でコーヒーを頼んだら，何故かコーラが出てきたそうです。コーヒーも通じないのかとショックを受けていらっしゃいました。でも，これはよく聞く話です。

　原因はここにあります。コーヒーと発音してしまうと，"コー"だけで Coke と勘違いされてしまいます。Coke の発音記号は [kóʊk] コウク，coffee の発音記号は [kɔːfi] です。カタカナで示すのは少し無理がありますが，コーヒーではなく，"カーフィー"と発音するとちゃんとコーヒーがでてきます。


　ハワイに行った時，こんな事がありました。

　そこは日本人スタッフがいないレストランでした。私のお隣の女性が，何やらアルコールを注文されていました。

　女性スタッフがしきりに英語で〜は入れますか？と聞いています。お隣の女性は何と聞かれているのか全く見当もつかず困った顔，見かねた私が話しかけました。

　「ウォッカを入れるか，入れないかを聞かれていますよ」

　女性はビックリして，「ウォッカですか？　全然わかりませんでした。ありがとうございます」


　そう，わからなかったはずです。頭で思っているウォッカとは全く違った音が聞こえてきたからです。

　Vodka[vɑdkə]　この発音記号を見て分かるように，"バッカ"と発音するのです。

"Do you need some vodka with it?"

　"ウォッカ"と思っているものが"バッカ"，全く違う発音なのです。わかるはずがありません。

　このように日本人がイメージしている発音と，実際には全く発音が違った単語をいくつかご紹介します。

1. **theme** ［θíːm］［スィーム］ テーマのことです。

   a main theme　メインテーマではなく,「メインスィーム」です。

2. **iron** ［ɑ́ɪɚn］［アイアン］ アイロン

   Can you iron this shirt?　このシャツにアイロンをかけてくれませんか？

3. **image** ［ímɪdʒ］［イミッジ］ イメージと, 伸ばしません。

4. **Asia** ［éɪʒə］［エイジャ］ アジア　A は「エイ」と発音します。

5. **label** ［léɪb(ə)l］［レイボー］ ラベル

   affix a label　ラベルを貼る

6. **aisle** ［ɑ́ɪl］［アイル］ 通路　S を発音しません。飛行機の通路側
   の席のことです。

   Aisle seat, please.　通路側お願いします。

7. **ultra** ［ʌ́ltrə］［アルトラ］ ウルトラ　極端な　過度の
   ウルトラマンの英語吹き替え版を見ると,「ウルトラマン」ではなく
   「アルトラマン」と発音しています。

8. **alcohol** ［ǽlkəhɔːl］［アルカホウ］ アルコール

   Is this drink alcohol free?　ノンアルですか？

9. **virus** ［vɑ́ɪ(ə)rəs］［ヴァイラス］ ウイルスのことです。

10. **vitamin** ［vɑ́ɪtəmɪn］［ヴァイタミン］ ビタミン

11. **vaccine** ［væksíːn］［ヴァクシィーン］ ワクチン

    I got vaccinated.　予防接種を受けた。

12. **Vodka** ［vɑ́dkə］［ヴァッカ］ ウォッカ　全く日本の発音と違います。

13. **vinyl** ［vɑ́ɪnl］［ヴァイノ］ ビニール

    vinyl sheet　ビニールシート

14. **model** ［mɑ́dl］［マドゥ］ モデル　模型

15. **anti** ［ǽntɑi］［アンタイ］ アンチ　ニュース等でよく出てきますね。
    イギリス英語では「アンティ」と発音します。

16. **sweater** ［swétər］［スウエラー］ セーター

17. **allergy** [ǽlədʒi] ［アラジー］ アレルギー

I have an allergy to pollen. 私は花粉症だ。

18. **liver** [lívə] ［リヴァ］ レバー　肝臓

19. **yogurt** [jóʊgəːt] ［ヨーガーッ］ ヨーグルト

20. **loose** [lúːs] ［ルース］ 緩い　時間にルーズではなく「ルース」です。

ルーズソックスではなく，「ルースソックス」となります。

21. **gauze** [gɔːz] ［ゴーズ］ ガーゼ

22. **garage** [gəráːdʒ] ［ガラージ］ 車庫

23. **data** [déitə] ［デイタ］または［ダータ］　データ・資料。

私のイギリス人の友人は，「ダーラ」と発音します。

24. **tunnel** [tʌnl] ［タヌー］ トンネル

25. **laundry** [lɔːndri] ［ローンドリー］ 洗濯物，洗濯屋

26. **cupboard** [kʌ́bəd] ［カバドゥ］ カップボード，食器棚

27. **cocoa** [kóʊkoʊ] ［コウコウ］ ココア，アを発音しません。

28. **table** [téibl] ［テイボー］ テーブル

29. **buffet** [bəféi] ［バッフェイ］ ビッフェ

30. **mayonnaise** [méiəneiz] ［メイアネイズ］ マヨネーズ

31. **total** [tóʊtl] ［トゥトゥ］ トータル　合計

32. **fantasy** [fǽntəsi] ［ファンタスィー］ ファンタジー，幻想

ジーと濁りません。

33. **clothes** [kloʊz] ［クロウズ］ 洋服の複数形

クロージズとは言いません。

34. **apron** [éiprən] ［エイプラン］ エプロン

35. **animal** [ǽnəm(ə)l] ［アナモー］ 動物，アニマル

※あまり好ましい事ではありませんが，分かりやすいようにカタカナで読み
　方を書いています。

# 紛らわしいカタカナ英語

　カタカナ英語は，英語学習者にとって時には非常に役に立ち，時には厄介なものです。まさか，こんなものまでが和製英語だったかと驚くことも多いでしょう。

　会話の中で自然に使われ，すっかり生活に溶け込んでいますから，英語だと思い込むのも無理はありません。

　ここでは，そのごく一部をご紹介します。「あー，こういうことだったのか，だから通じなかったんだ」とあなたの eye-opener（目からウロコ）になることでしょう。

1．**アンケート**　questionnaire

　　Please fill in the questionnaire.（アンケートにご記入下さい）
　　または survey（調査）とも言います。
　　アンケート（enquête）はフランス語です。

2．**エステ**　beauty salon

　　I went to a beauty salon.（私はエステに行きました）
　　または a beauty-treatment clinic.
　　日本語のエステは aesthetic（美学の）からきているようです。

3．**トレーナー**　sweatshirt

　　I often wear a sweatshirt.（私はよくトレーナーを着ます）
　　トレーナー trainer は，ジムのトレーナーや犬の調教師の意味になります。

4．**ナイーブ**　sensitive

　　日本語でナイーブな人と言った場合，繊細で傷つきやすい人という意味ですが，英語では，世間知らず，だまされやすい，お人よしとちょっと馬鹿にした意味になりますので，間違って使わないようにしましょう。
　　She is a sensitive person.（彼女は繊細です）

## 5. ハンドル　steering wheel

ハンドル handle と言うと，ドアの取手が思い浮かびます。

パワステのステは steering を略したものです。

## 6. ホッチキス　stapler

発明した人の名前がホッチキスさんだったので，そのまま呼ばれるようになりました。

物の名前に発明した人の名前が付けられるのは，よくある事です。

I stapled the papers together.（ホッチキスで書類を留めた）

このように，staple は動詞でホッチキスで止めるという意味になり，

名詞になるとホッチキスの針という意味にもなります。

stapler という名詞でホッチキスという意味です。

## 7. レントゲン　X-ray

これもやはり，発見者の名前です。

I'll have an X-ray next week.（私は来週レントゲンを撮ります）

I need to take an X-ray of my teeth.（私は，歯のレントゲンを撮る必要があります）

## 8. マンション　condominium

（略してよく condo と言われます。これは，分譲マンションのことです）

賃貸の場合は，apartment です。

マンションというと，プール付きの大豪邸のことです。

私のイギリス人の友達は,日本のマンションのことを flat と言っていました。

## 9. キーホルダー　key chain, key ring

お土産に最適ですが，お店で key holder と尋ねると，壁にかける，かぎをひっかけるようなものだと勘違いされます。

## 10. リュックサック　backpack

リュックサックとはドイツ語で，英語では backpack。

時々背中に大きなリュックを背負って旅をしている人を見かけますが，この人達のことを backpacker と言います。

11. **コンセント**　outlet　（イギリス英語では socket）
アウトレットと言うと，すぐに思いつくのがショッピングモールですが，確かに卸商店の直売部という意味もあります。
この他に，出口や放水口という意味もあります。

12. **バイキング**　buffet または all-you-can-eat
ビュッフェは元々フランス語で立食形式の食事のこと，食べ放題とは限りません。バイキングは，日本のホテルが名前を考案したもので，日本のみの呼び方です。アメリカのホストファミリーが，タコスやバーガーに飽きた頃，よくビュッフェスタイルのレストランに連れて行ってくれて，感動したものです。

13. **ビニール袋**　plastic bag
アメリカのスーパーに行くと，以前は必ず，"Paper or a plastic bag?"（紙袋ですか，ビニール袋にしますか）と聞かれたものです。今は，エコバッグ（eco-bag）を持参するのが当たり前です。現在はこの質問は消滅しているかもしれません。

14. **ダンボール**　cardboard
日本語では，段ボールと書きますが，「ボール」とは原紙にボール紙（厚紙）を使っていることが由来だと言われています。段ボール箱は，cardboard box。

15. **フリーサイズ**　one-size-fits-all
フリーサイズって，とても英語らしくて便利な言葉ですね。一つのサイズがどんな体格の人にも合うというのは，ちょっと無理があるかもしれませんね。
せめて small, medium, large の三つのサイズに分けましょう。

16. **パーキング**　parking lot　（イギリス英語では car park）
パーキングだけでは，駐車という意味となり，場所には当りません。lot は土地，〜場という意味です。
ちなみに，コインパーキングは，coin-operated parking lot です。

## 17. リフォーム　renovate

リフォームは，制度や法律の変更などの時に使われる言葉で，内閣改造や税制改革という時に使われ，家の改築には，ちょっと堅苦しい感じがします。

最近の建築業界のチラシやＣＭでは，"リノベーション"と言ってる所が多くなりました。

## 18. サイン　signature

サイン（sign）は動詞では「署名をする」，名詞では「看板，標識」。

伝票などに署名する時は，signature を使います。

有名人のサインなら，autograph です。

"signature menu（dish）"で，そのレストランの看板メニュー（自慢料理）になります。

## 19. ボールペン　ballpoint pen

ペン先に小さな鋼球が付いてますね。そこが ball point です。そこを回転させインクが出る仕組みです。

## 20. シャープペン　mechanical pencil

Sharp ペンだと，ただのとがったペンになりますね。

読み方は，メカニカペンソーです。

## 21. ペットボトル　plastic bottle

Pet ボトルの Pet とは　**p**oly**e**thylene **t**erephthalate の略です。長くてとても覚えられそうにありませんね。略して呼ぶ時は，ペットではなく，PET（ピーイーティー）と呼びましょう。でも普通は plastic bottle です。

## 22. アルバイト　part-time job

アルバイトは，元々ドイツ語由来の言葉です。

ちなみに正社員は full-time employee　パートは part-time worker。

## 23. プリント　handout

授業や会議で配られる情報を書いた紙。

print は，動詞で印刷する，名詞で印刷物です。

## 24. **フリーダイアル**　toll-free

フリーダイアルは，ある電話会社が提供するサービスの名称です。無料通話だから，ついついまちがってフリーダイアルと言いそうですね。

## 25. **ベビーカー**　stroller, baby buggy

ベビーカーだと，ただの小っちゃな車になってしまいます。
完全な和製英語ですね。子供が乗って遊ぶおもちゃの車だと勘違いされます。

## 26. **ストーブ**　heater

英語で stove と言ってしまうと料理用のガスコンロの意味になるので要注意。

## 27. **フライドポテト**　French fries

この French はフランスという意味ではなく，動詞で縦に細長く切ることです。
イギリスでは chips と言います。
どちらもポテトという言葉がありませんね。

## 28. **メルヘン**　fairy tale

メルヘンの由来はドイツ語です。可愛らしい，おとぎ話のようなイメージがありますね。フェアリーテイルは，妖精物語という意味です。

いかがでしたか？　「伝わらない発音」と「カタカナ英語，和製英語」。こんなに違うのですから，伝わらないし，聞き取れない，映画を見ても分からないはずですね。

大事なことは，知らない単語が出てきたら，まず辞書で引いて確認し，単語の横に必ず発音記号を書いておくことです。いつも発音記号を意識して声に出してみて下さい。

日本人がよく勘違いしがちな，カタカナ英語，和製英語ですが，ここに載せているのはほんの一部です。これからもどんどん増えていくと思われます。
カタカナ＝英語と思わず，しっかりチェックして通じる英語を目指して下さいね。

# 実践英会話練習

　次のセクションでは，シチュエーションごとに Scene1 ～ Scene21 までの会話文を載せています。

　会話の中には，是非覚えて頂きたいイディオム，フレーズをたくさん盛り込んでいます。

## ［練習方法］

　まずは会話文を読みます。日本語訳文は巻末に載せてありますので，そちらをご参照ください。

　次にAとBに分かれて役割り練習をします。

　もちろん一人でも大丈夫です。

　慣れてきたら次に右側の"役立つフレーズ"を使って入れ替え練習をして下さい。

　いろいろなバリエーションに富んだ会話文が出来ます。

　暗記するくらい，何度も何度も練習して下さい。

　そして今度は巻末の日本文だけを見て，英語を言ってみて下さい。

　どんどん力がついてきます。

　一人でも簡単に練習が出来ますが，仲間とだったらもっと楽しく練習できるでしょう。

　大切なことは，その役柄になり切ることです。

　発音とイントネーション，リンキング（言葉のつながり）を意識しながら，なり切ってしゃべってみましょう。

　右は，アメリカに語学留学した時の写真です。

　デイケアセンター（日本の保育園に当たります）を経営しているお宅や，小学校の先生をしているホストマザーのお宅，大学の寮にステイしたり，最初はとまどう事だらけで，四苦八苦しながらも，とにかく積極的にしゃべろう，"*Here goes nothing*".（ダメ元、当たって砕けろ）の精神で臨みました。

　次にご紹介する実践会話文のほとんどが，私のこの海外体験を基に，作り上げたものです。

　独自の言い回しや表現，日本語とは全く違った英語的発想を感じて頂けたら，幸いです。

《ニューヨーク　メリーマウント大学で
のスクーリング風景》
いろいろな国の人達との出逢いがあり
ました。

《ロサンゼルス　アップルバレー語学学
校》
日本人の学生仲間と一緒にトラックの
荷台に乗って学校へ移動（笑）。

《ロサンゼルス　オレンジカウンティー》
デイケアセンター（保育園）の子供達と，
ベビーシッターの子供達。

《サンフランシスコ　ゴールデンゲート
ブリッジ近くの公園》
ホストファミリーの子供達と。

《ロサンゼルス　アップルバレー》
ホストファミリーに，カウンティフェ
ア（日本の夏祭りにあたりますが，マー
ケットや観覧車のある遊園地が臨時に
出来たり，かなり大規模です）に連れ
て行ってもらいました。

《ロサンゼルス　アップルバレー》
ホストファミリーとその子供達，ロサ
ンゼルス郊外，大自然に囲まれていて，
これは裏庭から見える風景です。
国立公園かと思うような裏庭の広さに
驚き!!

# Scene 1　出会い

A：Hi, I'm Lisa. May I have your name, please?

B：Hi, I'm Saki. Pleasure to meet you.

A：Likewise.

B：I'm originally from Osaka, but I live in Kumamoto now.

A：Oh, really? What a coincidence! My mother is also from Osaka, so I've been there many times. I was born and raised in Fukuoka. I'm moved here 10 years ago.

　　So, you got an awesome watch. It looks good on you!

B：Oh, this one? Thanks for the compliment. It's old, though.

A：I like the cool design. So, what do you do?

B：I work as a dental hygienist. (I'm a dental hygienist.)

　　What about you?

A：I work at a company called ABC office.

　　I'm an accountant.

B：Nice talking to you. Let's keep in touch.

A：Absolutely. (Sure thing.) (I will.)

イギリス　チェスター
木組み作りの街並み

## ＊その他役立つフレーズ

How are you doing?　　How's it going?　　How's everything?

（調子はどう？）　　　（調子はどう？）　　（調子はどう？）

How's work?　　　　　Keeping busy?　　　What's new?

（仕事はどう？）　　　（相変わらず忙しい?）　（何か変わったことあった?）

What's up?　　　　　　Not bad.　　　　　　Can't complain.

（最近どう？）　　　　（まあまあです）　　（まあまあかな）

Pretty good.　　　　　Not so bad.　　　　　Well, so-so.

（かなり元気です）　　（まあまあ）　　　　（まあまあ）

Nothing new with me.　Same as always.　　Never been better.

（相変わらずです）　　（いつも通りです）　（絶好調）

Terrible.　　　　　　Nothing much.

（最悪です）　　　　　（特に何もない）

It's really nice to meet you.

（お会いできて，とても嬉しいです）

I have heard a lot about you.

（お噂は，かねがね伺っております）

I'll text you later.

（あとでメールしますね）

Say hello to your wife.

（奥さんによろしくお伝え下さい）

Take care of yourself.

（お大事に）

Nice talking to you.

（お話できてよかったです）

Do you happen to know Mr. A?

（ひょっとしてAさんをご存じですか？）

# Scene 2　待ち合せ・約束

A：Why don't you go shopping with me?

B：Sounds good.

A：When shall we make it?

B：Any day except Friday.

A：Then, how about Wednesday next week?

B：That's fine with me.

A：And, where shall we meet?

B：Near the ABC department store.

A：Great. What time suits you?

B：Elevenish in the morning.

　Is that ok for you?

A：No problem. I'll be waiting in front of the door.

B：It's a deal. See you then.

A：I can't wait.

リバプール　ジョン・レノン像

waku!
waku!

I can't wait.

＊その他役立つフレーズ

We meet up there and leave from there.

（現地集合，現地解散）

Can you make it?

（来れる？，都合つく？）

I'll be there.

（そちらに行きます）

Can you text me?

（メールくれる？）

If you have any problems, let me know.

（何かあったら知らせて下さい）

What do you say?

（どう思う？）

It's up to you.

（あなた次第です，あなたが決めて下さい）

Let's catch up over a lunch?

（ランチでもしながら，近況を報告し合おう）

He cancelled the appointment at the last minute.

（彼は土壇場になって約束をキャンセルした）

He stood me up.

（彼にすっぽかされた）

I'll be about 20 minutes late.

（20分くらい遅れます）

Something came up.

（急用ができました）

Can we reschedule?

（予定変更できますか？）

I'm sorry for such short notice.

（急な知らせでごめんなさい）

Thank you, but I'm busy on that day.

（ありがとう。でもその日は忙しいんです）

Just make sure you bring your lunch.

（忘れずにお弁当を持ってきて下さい）

It completely slipped my mind.

（すっかり，忘れてた）

May I take a rain check?

（また，この次誘ってね）

I have a previous appointment.

（先約があります）

Maybe some other time.

（また，別の機会にね。また今度）

I'm not in the mood.

（そんな気分じゃない）

Let's hang out this weekend.

（今週末，一緒に遊ぼう）

I wish I could, but I can't.

（できればそうしたいけど，できない）

# Scene 3　道案内

A : Do you need any help?

B : I'd like to go to 〜 station.

　　How can I get there?

A : Go straight until the second traffic light.

　　Then, you'll see the tram stop on your left side.

　　You should take the tram to the station. You can't miss it.

B : Thank you. How long does it take to the 〜 station?

A : It takes about 20 minutes.

　　It's 7 stops from there.

B : I got it. That's really helpful.

A : My pleasure.

　　Remember, you need to pay when getting off the tram.

　　(When you get off, please put the money in the fare box)

　　Enjoy the rest of your stay.

B : Thanks, I will.

アビーロード

Go down this street.

## ＊その他役立つフレーズ

Go along 〜 street.
（〜通りに沿って行って下さい）

Turn left at the next traffic light.
（次の信号を左に曲がって下さい）

---

地図を見せて

・You are right here. （あなたは今ここにいます）

・This is where you want to go. （ここがあなたが行きたい所です）

・This is where you get off. （ここがあなたが下りるところです）

---

How many stops to Y park?
（Y公園まで, 何駅ありますか？）

By bus, it takes about 15 minutes.
（バスで約15分くらいかかります）

It's not far from here.
（ここからそんなに遠くないです）

It's a ten-minute drive from here.
（ここから車で10分です）

I'm going that way, too.
（私もそちらへ行きます）

Follow me.
（ついてきて下さい）

I'll take you there.
（ご案内しますよ）

Cross the junction.
（交差点を横切って下さい）

Go over the bridge.
（橋を渡って下さい）

Go straight.
（直進して下さい）

Go past the bank.
（銀行を通り過ぎて下さい）

It's behind the florist.
（お花屋さんの後ろにあります）

Let me check my phone.
（ケイタイでチェックさせて下さい）

Sorry, I'm not familiar with this area.
（すみません。あまりこの辺詳しくありません）

Has the bus left?
（もうバスは出ましたか？）

Pass through the gate.
（門を通りすぎてください）

Go up the stairs.
（階段を上がって下さい）

Go down this street.
（この通りをずっと行って下さい）

It's in between A and B.
（それは, AとBの間にあります）

It's opposite the factory.
（それは, 工場と反対側にあります）

Landmark
（目印）

Are there any landmarks around there?
（そのあたりに何か目印になるものはありますか？）

## Scene 4　天気

A：This is perfect weather for a walk.

B：Yes, it certainly is.

A：How's the weather forecast for tomorrow?

B：It's supposed to be clear.

A：Awesome. I hope this weather will last.

B：You can say that again.

　　We had lots of rain last week.

A：So, we're going to have a one-day trip this weekend.

　　What's the weather like on that day?

B：According to the weather forecast, it will rain this weekend.

　　Is the day trip still on?

A：Yes.  We will go, rain or shine.

　　Make sure you bring your rain gear with you just in case.

B：Got it.

ナイアガラの滝

## ＊その他役立つフレーズ

It's a lovely day today.

（今日は，いい天気ですね）

It's chilly, isn't it?

（肌寒いですね）

| muggy | humid | sweltering night | sultry |
|---|---|---|---|
| （むしむしする） | （じめじめする） | （うだるような暑い夜） | （暑苦しい） |

I'm glad it cleared up.

（晴れて嬉しい）

It's getting cloudy.

（曇ってきた）

The sky is getting dark.

（空が暗くなってきた）

I hope it won't rain tomorrow.

（明日，雨が降らなければいいな）

It has been raining a lot recently.

（最近，ずっと雨が降っている）

There is a 60 percent chance of rain.

（降水確率は60％です）

There's no chance of rain today.

（降水確率はゼロです）

Awful weather, isn't it?

（ひどい天気ですね）

It's pouring.

（どしゃ降りです）

It's freezing cold.

（凍り付くように寒いです）

It might snow.

（雪になるかもしれない）

The temperature was below zero this morning.

（今朝の温度は，氷点下でした）

It'll clear up in the afternoon.

（午後は晴れるでしょう）

It's blistering hot.

（猛暑です）

It's intense.

（猛烈な暑さ）

I got caught in a downpour.

（どしゃ降りに遭った）

You're soaked.

（ずぶ濡れですね）

# Scene 5　パーティー（ポットラックパーティー）

A：I'm having a potluck party on this Saturday.

　　I'd love for you to come over.

B：I wish I could. Who's coming?

A：Our friends from work. You can bring your friends.

　　The more the merrier.

B：Sure. I'll check my schedule and let you know later.

A：Make sure to text me. You're more than welcome to join.

　　It's a potluck party, so can you bring some dish and drink?


　　〈パーティーに参加する〉

A：Welcome to our party! We've been expecting you.

B：Thank you for having us.

　　Where should I put my umbrella?

A：Just put it here. Please come on in.

　　You look very nice in your dress.

B：Thank you. I'm flattered. I'd like you to meet my friend, Saya.

A：Oh, Saya. Pleasure to meet you.

C：Likewise.

Cheers!

HAPPY♡

## ＊その他役立つフレーズ

Why don't you come over to my house this weekend?　Are you available?

（今週末，家に来ませんか？）　　　　　　　　　　（来れますか？）

I can make it.

（行けます）

Count me in.

（数に入れといてね）

What should I bring?

（何持っていこうか？）

Just bring yourself.

（手ぶらで来て下さい）

We'll be expecting you then.

（じゃ，その時，お待ちしてます）

Make yourself at home.

（くつろいで，ゆっくりしてね）

I'm so glad you came.

（来てくれて嬉しいです）

Well, it's getting rather late.

（ちょっと遅くなりました）

Are you enjoying yourself?

（楽しんでますか？）

We had a blast.

（楽しかった）

It was fascinating.

（素晴らしかった）

You can drop by anytime.

（いつでも，立ち寄ってね）

It was a pleasure talking to you.

（お話ができて，よかったです）

Thank you for your hospitality.

（おもてなしありがとう）

---

### パーティーの種類

B・Y・O・B（Bring your own bottle，飲み物持込 OK）

hen party

（結婚直前女性だけのパーティー）

bachelor party

（結婚前の男性だけのパーティー）

farewell party　send-off-party

（送別会）　　　（送別会）

housewarming party　get-together

（新築（引っ越し）パーティー）（懇親会）

year-end party　job-well-done party

（忘年会）　　　（仕事打ち上げ）

wrap party　　　　　　reunion party

（お疲れ様会，打ち上げ）（同窓会）

a baby shower

（出産前の妊婦を祝うパーティー）

end-of-project party

（プロジェクトの打ち上げパーティー）

# Scene 6　交通

A：I'm sorry I'm late.

B：Never mind. What happened?

A：I got caught in a traffic jam on the way here.

B：Terrible. The roads are busy around this time of the day.

A：How did you get here?

B：By subway. It was not as crowded than I thought.

　　This subway is usually packed but for some reason today it was

　　not.

A：Lucky you.

B：Our meeting will start in ten minutes.

　　We're running a little late.

　　Let's hurry, so we are in time for the meeting.

A：Yes, let's.

スペインの白い村 "ミハス"

Traffic Jam

bumper to bumper

＊その他役立つフレーズ

A one-way(round-trip) ticket to ～ , please.

（片道（往復）チケットお願いします）

Where does this train go?　Would you tell me where I should get off?

（この列車はどこへ行きますか？）　（どこで降りたらいいか教えて頂けませんか？）

I left something on the train.

（電車に忘れ物をしました）

What time does the next bus leave?　How long does it take to get to ～ ?

（次のバスは何時に出ますか？）　（そこまで，どれくらいかかりますか？）

Where can I get a subway ticket?　Which station is the closest to ～ ?

（地下鉄のチケットはどこで買えますか？）　（そこに一番近いのは，どの駅ですか？）

---

タクシーに乗った時

Can you drop me here?　Right here is fine.

（ここで降ろして下さい）　（ここでいいです）

Take the shortest way.　I'm in a hurry.

（近道を行って下さい）　（急いでいます）

Please take me to ～ station.　How much will it be?

（～駅までお願いします）　（いくらですか？）

---

Is this seat taken?　Let me by.

（この席はとっていますか？）　（横通ります）

Could you scoot over a little?　I'm stuck in a traffic jam.

（つめて頂けますか？）　（交通渋滞にはまり込んでいます）

Did you make it?　Just in time.

（間に合った？）　（ギリギリセーフ）

How often does the bus run?

（バスは，どれくらいの間隔で走りますか？）

# Scene 7　趣味について話す（映画）

A：What do you like to do in your free time?

B：I often go to see a movie. I'm a movie buff.

A：Oh, really? What kind of movies do you like?

B：I like various genres of movies, but especially love-themed movies.

A：What movies have you seen lately (recently)?

B：I saw （好きなタイトルを入れて下さい）.

A：How did you like it?

B：I like movies that full of thrills.

　　It was a nail-biter and the story was so moving.

A：Who is starring in the movie?

B：The movie is starring （俳優の名前）.

　　He (She) was so cool.

　　The movie is worth seeing.

　　You've got to see it.

A：Well, I might.

ルーヴル美術館

I'm a movie buff.

Elie

## ＊その他役立つフレーズ

The trailer starts in about five minutes.

（予告編は，約5分後に始まります）

It is the best movie I've ever seen.

（今まで見た中で一番いい映画だった）

What genre (sort) of movies do you like?

（どんなジャンルの映画が好きですか？）

I love all types (kinds) of movies.

（いろんな種類の映画が好きです）

It was touching.　　It was hilarious.

（感動しました）　　（大笑いしました）

It was much better than I expected.

（思ったより，ずっと良かった）

It brought tears to my eyes.

（それは，涙を誘った）

I was moved to tears.

（感動して泣いた）

What films are on now?

（何の映画が上映中ですか？）

Who plays the leading role?

（主役は誰ですか？）

It was heartwarming.

（心暖まる作品でした）

It had great special effects.

（特殊効果がすごかった）

I would say it's one of the best movies I've ever seen.

（恐らく，今まで見た映画の中で一番いい映画の一つだと思う）

The movie is full of action, adventures and surprises.

（その映画は，アクション，冒険，そして驚きがいっぱい盛り込まれていた）

It's not really my taste.

（私の好みではない）

The story was unclear.

（物語がはっきりしなかった）

I was so moved.　　The movie is a must.

（すごく感動した）　　（その映画は，必見です）

It was not impressed.

（感動しなかった）

It was a little boring for me.

（ちょっと，たいくつだった）

It's based on the book by 〜.

（〜の本に基づいた作品だった）

Let's have a movie binge.　　I binge-watched（映画のタイトル）on Sunday.

（映画の一気見をしよう）　　（日曜日，〜を一気見した）

That movie was so cookie cutter, nothing surprised me.

（その映画はありきたりで，全々驚きがなかった）

# Scene 8　スポーツについて

A：Which team is leading?

B：（チーム名を入れて下さい）is. They turned the game around.

A：Oh, really? What a close game this is!

B：Exactly. So what sports do you like to play?

A：Actually, I'm not good at sports, but I like to watch them.

B：Is that so? I'm into some sports, like soccer and baseball.

　　I'm a member of my company soccer club.

A：How long have you been playing soccer?

B：About 10 years.

A：That's great.

　　As for me, I love watching a baseball game over a beer.

B：You said it!

イギリス　タワーブリッジ

Let's play tennis!

## ＊その他役立つフレーズ

I recently took up yoga.

（最近ヨガを習い始めた）

I work out three times a week at the gym.

（ジムで週に3回，運動をしている）

That was close.

（接戦だった）

He was the runner-up.

（次点〈2位〉だった）

The Giants made a fantastic comeback, didn't they?

（巨人が逆転しましたね）

※ここでは，comeback は，逆転する，勝ち越すという意味です。

The stadium was full of people.

（スタジアムは満員でした）

I came to like sports.

（スポーツが好きになってきた）

Who made a goal?

（誰がゴール決めた？）

Which team are you rooting for?

（どっちのチームを応援しているの？）

You have quick reflexes.

（運動神経がいい）

He is so athletic.

（彼は，かなりのスポーツマンだ）

You must be athletic.

（運動神経がいい）

Let's go to a driving range.

（ゴルフの打ちっぱなしに行きましょう）

It was a close call.

（間一髪でした）

by a nose

（鼻の差で，小差で）

He won by a nose.

（彼はわずかの差で勝った）

How often a week do you go to the gym?

（週にどれくらいジムに行きますか？）

# Scene 9　読書

A：How do you spend your free time?

B：I usually spend my days off reading books.

A：What kind of books do you prefer to read?

B：Many kinds, such as, science, history, fantasy something like that.

A：You have many interests, don't you?

　　What's the most interesting book you've ever read?

B：(本の題名) is.　I highly recommend it.

　　This is a must-read book.

A：Got it.　I'll try.

スコットランド　エジンバラ

She is a bookworm.

## ＊その他役立つフレーズ

Do you subscribe to any magazines?

（何か雑誌を定期購読してますか？）

What genre do you like to read?

（どんなジャンルの本を読みますか？）

It's a novel all about（本のテーマ）.

（それは，〜がテーマの小説です）

I recommend it.

（おススメです）

I'm a history buff.

（私は歴史愛好家です）

How does the story go?

（どんな物語ですか？）

It's worth a read.

（読む価値があります）

---

### 本の種類

| mystery | horror story | romance | detective | science fiction |
|---|---|---|---|---|
| （ミステリー） | （ホラー） | （恋愛） | （推理小説） | （空想科学） |
| biography | fiction | how-to-book | business book | |
| （伝記） | （創作物語） | （実用書） | （ビジネス本） | |
| traveling | cooking | self-help books | non-fiction | |
| （旅行） | （料理） | （自己啓発本） | （史実や記録に基づいた作品） | |

---

I'm so glad that we have a hobby in common.

（同じ趣味があって嬉しいです）

It's my only pleasure in life.

（唯一の楽しみです）

I'm getting into 〜

（熱中する）

I have no particular hobbies.

（特に趣味はありません）

must-try

（試す価値がある）

I'm into 〜

（はまっています）

I'm crazy about 〜

（夢中です）

It's a must-have.

（絶対に手に入れたい品）

must-do

（不可欠）

# Scene 10　音楽

A：Do you play any instruments?

B：I used to take piano lessons.

　　I'm thinking of taking piano lessons again.

A：Oh, what a coincidence.

　　I just started taking piano lessons recently.

B：I'm glad that we're into similar stuff.

A：I feel the same way.

　　I'm going to play the piano at the recital this autumn.

　　So, I'm working on it almost every day.

B：You are? Way to go!

A：Thanks.

　　Music is indispensable to me.

B：Indeed it is.

フィンランド　ヘルシンキ大聖堂

♪What will be ,will be.

## ＊その他役立つフレーズ

I am a music lover.
（私は音楽愛好家です）

That's impressive.
（感動的です）

It's not my taste.
（私の好みではありません）

moving song
（感動的な歌）

It gave me goose bumps.
（鳥肌が立った）

I was fascinated by them.
（彼らに魅了されました）

Music is essential for me.
（音楽は欠かせないもの）

Music is an extension of your soul.
（音楽は，あなたの心を広げます）

I've taken up 〜 .
（〜を習い始めた）

I take a ukulele lesson once a week.
（週に一回，ウクレレのレッスンを受けています）

That's awesome.
（それは素晴しい）

Excellent.
（素晴しい）

Terrific.
（素晴しい）

This song is very cool.
（この歌はとてもかっこいい）

〜 is my speciality.
（〜は私の得意分野〈十八番〉です）

I can't read music.
（私は，楽譜が読めません）

What's the title of this song?
（この歌のタイトルは何ですか？）

I'm crazy about jazz.
（私はジャズに夢中です）

I was really touched by his performance.
（私は彼の演奏に本当に心打たれました）

We're all impressed by her music performance.
（私達はみんな，彼女の音楽に感動しました）

This kind of music is not my cup of tea.
（この種の音楽は，私の好みではありません）

My seat was in the third row from the front.
（私の座席は，前から三番目の列でした）

※ front のところを back に変えると後ろから三番目の列の意味になります。

# Scene 11　家事

A : We're going to invite our relatives this afternoon.

B : Oh, that sounds nice.

A : Can you help me get ready?

B : No problem. What shall I do?

A : We need to do a lot of chores.

　　Such as, wash the dishes, do the laundry, weed the yard, mop the

　　floor, and other things.

B : That's a lot!

A : Never mind. You can share with your brothers.

B : What a relief!

A : First of all, I'll do the dishes, will you put these away?

B : OK. Where do these plates go?

A : They go on the second shelf in the cupboard.

「ドン・キホーテ」の舞台となったスペイン
ラ・マンチャ地方

Hang out the lawndry.

＊その他役立つフレーズ

Who does the dishes in your family?

（家族の中で，誰がお皿洗いをしますか？）

take out the trash

（ゴミ出しをする）

He helps with chores around the house.

（彼は，家の廻りの家事を手伝います）

Clear the table.

（テーブルを片付ける）

I have to run some errands.

（いくつか用事をすませないといけない）

I walk my dog every day.

（毎日，犬を散歩させます）

The flower bed is overgrown with weeds.

（花壇が雑草におおわれています）

Hang it out in the sun.

（日なたに干して下さい）

The laundry has piled up.

（洗たく物がたまっています）

The drain is clogged with hair.

（排水口が髪の毛でつまっています）

weed killer または herbicide

（除草剤）

pesticide または insecticide

（殺虫剤）

---

### 家事のいろいろ

sweep the flour
（床を掃く）

put them in the sink
（流しに置く）

hang clothes
（服をかける）

fold clothes
（服をたたむ）

dry the dishes
（お皿を乾かす）

wipe the dishes
（お皿を拭く）

take out the garbage
（ゴミを出す）

separate the garbage
（ゴミを分別する）

watering the garden
（庭に水をやる）

walk a dog
（犬を散歩させる）

# Scene 12　健康・体調

A：Did you sleep well last night?

B：Kind of. I got a slight cold and my voice got hoarse.

A：Oh, that's too bad. Have you seen a doctor?

B：No, not yet, but I feel better now.

　　You're always full of energy!

　　How do you stay in shape?

A：I watch what I eat and drink.

　　And I also work out at home every day.

B：I see. That's why you can keep fit.

　　I've put on some weight lately.

　　I need to cut down on sweets.

A：I suppose so. Be careful not to overeat and do some moderate exercise.

B：They are the keys to maintaining good health, right?

A：Absolutely.

イギリス
コッツウォルズ

＊その他役立つフレーズ

He fell down and skinned his knee while roller-skating.

（彼は，ローラースケートをしている時，転んでひざをすりむいた）

My eyesight has gotten worse.

（視力が悪くなってきた）

I sprained my ankle.

（足首をくじいた）

I've got a strained back.

（ギックリ腰をした）

I got a slipped disk.

（椎間板ヘルニアになった）

Have you been to the doctor?

（病院に行きましたか？）

She's been in the hospital.

（彼女は入院してます）

I've gain 3 kilos in a month.

（1ヶ月で3キロ増えました）

She get hives when she eats eggs.

（彼女は卵を食べるとじんましんができます）

She dislocated her left shoulder during a volleyball game.

（彼女は，バレーボールの試合で左肩を脱臼しました）

I got a crick in my neck from reading a book.

（読書をして，首の筋を違えた）

I have a fracture.

（骨折しています）

I fell off my bicycle and broke my leg.

（自転車から落ちて足が折れた）

My legs are asleep.

（足がしびれています）

I have a sharp pain here.

（ここに鋭い痛みがあります）

My eyes are bloodshot.

（目が充血しています）

My nose is stuffed up (clogged).

（鼻がつまっています）

I'm exhausted.

（くたくたです）

You look pale.

（顔色が悪いです）

I'm under the weather.

（体調が悪い）

high blood pressure

（高血圧）

Get well soon.

（早く良くなってね）

Be careful of heatstroke.

（熱中症に気をつけて下さい）

Stay cool and hydrated.

（涼しくして，水分を取って下さい）

Do you have a regular medical checkup?

（定期的に健康診断していますか？）

# Scene 13　家族

A：Do you have any siblings?

B：I have two brothers and two sisters.

A：You have a pretty big family.

　　Are you the oldest?

B：No, I'm not, but the second youngest of 5.

A：What does your father look like?

B：He's tall and well-built.

A：Does he play any sports?

B：Yes, he used to play soccer when he was young.

　　He is very strict but so considerate.

A：Do you take after your father?

B：Yes, people say that I look exactly like him.

　　I think I have his eyes.

　　We have similar tastes and the same way of thinking.

A：Like father, like son.

エストニア
おとぎの国のような
タリンの風景

## ＊その他役立つフレーズ

There are（家族の人数の数字を入れて下さい）people in my family.

（（　　）人家族です）

I don't have any siblings.

（兄妹はいません）

She is a distant（close）relative of mine.

（彼女は，遠い（近い）親戚です）

How has your family been?

（ご家族は，お元気ですか？）

How many people are in your family?

（何人家族ですか？）

He is in good health.

（彼は，健康です）

She is a carbon copy of her mother.

（彼女は，お母さんにそっくりです）

You and your sister are two peas in a pod.

（あなたと妹さんは，うり二つです）

---

spouse
（配偶者）

maternal grandparents　　paternal grandparents
（母方の祖父母）　　　　　（父方の祖父母）

brother-in-law
（義理の兄（弟））

athletic-looking　　　　　medium hight
（スポーツ体型の）　　　　（中ぐらいの高さ）

comfort food
（母の味）

# Scene 14　旅行（チェックイン）

A：How many bags would you like to check in?

B：Just one.

　I will bring another bag with me in the plane.

A：Would you like a seat by the window or the aisle?

B：I'd like a window seat, please.

　Do you have any seats available so we can sit together?

A：Certainly.

　Where is your final destination?

B：New York City.

　Can you please mark this bag as fragile?

　Will my bag go straight through?

A：Yes, your baggage goes to the final destination.

B：Thanks.

スペイン（グラナダ）　アルハンブラ宮殿

Here's my ticket.

＊その他役立つフレーズ

Can I take this on board?

（これは，機内に持ちこめますか？）

Would you put a fragile sticker on the baggage?

（荷物に取り扱い注意のシールをはって頂いていいですか？）

Can you mark this bag as fragile?

（取り扱い注意のシールをはって頂けますか？）

May I have an emergency exit row-seat?

（非常口席をお願いできますか？）

※ an emergency exit row-seat とは→前方空間が広く快適な席のことです。

May I have a bulkhead seat?

（最前列席をお願いできますか？）

※ a bulkhead seat とは→列の最前列で前に席がなく，足元が広い席の事です。
　ベビーベッドも設置できる為，赤ちゃん連れには最適。

Can I sit with my friend?

（友達と一緒に座れますか？）

I'd like to sit with my friend.

（友達と一緒に座りたいのですが）

I have a stopover in ～ .

（～で乗り継ぎがあります）

We have 25 people in our group.

（私達は，25人の団体です）

Your baggage is overweight.

（あなたの荷物は重量オーバーです）

Could I take a few things out?

（いくつか取り出してもいいですか？）

Do I need to pick up my luggage there?

（そこで荷物を取り出す必要がありますか？）

How long is my layover?

（立ち寄り時間はどれくらいですか？）

※ layover は，途中下車または，乗り継ぎの待ち時間という意味です。

# Scene 15　旅行（入国審査）

A：May I see your passport?

B：Here you are.

A：What's the purpose of your visit?

B：I'm here for sightseeing.

A：Are you on a group tour?

B：Yes, I am.

A：Where is your final destination?

B：Los Angeles.

A：How long will be staying?

B：For 7 days.

A：Do you have anything to declare?

B：Nothing.

アメリカ　グランドキャニオン

Passport please.

Here you are.

＊その他役立つフレーズ

Here it is.

（こちらです）

Here you go.

（はい，どうぞ）

I'm here on business.

（仕事でこちらにきています）

I'm here to study English.

（英語の勉強のためです）

automated passport control

（自動パスポート入国審査）

fingerprint recognition

（指紋認証）

Can you say that again?

（もう一度言って頂けませんか？）

Sorry?

（何とおっしゃいましたか？）

How long are you going to stay?

（滞在期間はどれくらいですか？）

Please place your hand on this screen.

（このスクリーンの上に手を置いて下さい）

I'm travelling by myself（with my family）.

（一人で（家族と）旅行をしています）

Is this the line for nonresidents?

（非居住者の列ですか？）

Residents

（居住者）

Non-Residents

（非居住者）

I'm here for a business meeting.

（仕事の会議に出席のために来ました）

For sightseeing.

（観光のために）

I only have personal belongings.

（身の回りの物だけです）

# Scene 16　旅行（機内）

A：Would you put this bag up there?

B：Certainly.

A：Do you have any Japanese magazines?

B：Sure. Please wait for a moment.

A：Can I have an extra blanket?

　　It's a bit chilly.

B：Absolutely. Right away, sir/ma'am.

A：Please tell me how to use the entertainment system.

B：Sure thing.

A：Excuse me, will we have something to eat?

　　I'm getting hungry.

B：We have some snacks and noodles.

A：Can I have noodles?

B：Sure. Just a moment, I will bring it soon.

A：Thank you for everything.

オーストラリア
オペラハウス

## ＊その他役立つフレーズ

Let me through, please.

（すみません，通して下さい）

Excuse me, I need to get through.

（すみません，通して下さい）

May I go through?

（通して頂けませんか？）

May I move to the other side?

（向こう側に移動してもいいですか？）

Can I have another pillow?

（もうひとつ枕を頂いていいですか？）

Could you put this bag in the overhead bin?

（このバッグを頭上の荷物入れに入れて頂けますか？）

Could you put your baggage under the seat in front of you?

（お荷物を前の座席の下に置いて下さいますか？）

May I recline my seat back?

（シートをたおしてもいいですか？）

Can I have a customs form?

（関税申告用紙を頂けますか？）

These earphones are not working.

（イヤホンが，こわれています）

Are we arriving on time?

（時間通り着きますか？）

We will be delayed about 20 minutes.

（約20分くらい遅れています）

Wake me up for meals.

（食事の時，起こして下さい）

Can I have it later?

（あとでいただけますか？）

Could you put your seat in the upright position?

（座席を元の位置に戻して頂けますか？）

I'd like to buy in-flight duty-free goods.

（機内販売の免税品を買いたいのですが）

Where are we now?

（今，どの辺を飛んでいますか？）

# Scene 17　旅行（機内サービス）

A：What would you like to drink?

B：What do you have?

A：We have beer, wine, juice and cocktails.

B：Then I will have a white wine, please.

A：Sure. Here you are.

　　Which one would you like beef or fish?

B：I'll take the fish.

A：Would you like coffee or tea?

B：Coffee would be fine.

A：With cream or sugar?

B：Just cream, please. And can I have some water to take my pills?

A：Please wait a minute.


A：Have you finished your meal?

B：Yes, it was nice. Can you take this away?

A：Certainly.

Coffee or tea?

Tea would be nice.

## ＊その他役立つフレーズ

I dropped my fork. Could I have another one?

（フォークを落としました。他のを頂けますか？）

I'm still working on it.

（まだ，食べています）

I'm still waiting for coffee.

（まだ，コーヒーを待っているんですが〈まだきていない〉）

Another beer, please.

（ビールをもう一杯頂けませんか？）

Coke would be great.

（コーラをお願いします）

With ice?

（氷はいりますか？）

Without ice?

（氷無しで）

Can I get an extra pillow and blanket?

（もう一つ枕と毛布を頂けますか？）

My headset doesn't work.

（ヘッドフォンがこわれています）

Can I have a disembarkation card?

（入国カードを頂けますか？）

seat in the front

（前方の席）

seat at the back

（後方の席）

Do you need sugar and milk?

（お砂糖とミルクはいりますか？）

Both, please.

（両方お願いします）

# Scene 18　旅行（ホテル）

A：What can I do for you?

B：Hi, check in, please.

A：Do you have a reservation?

B：Yes. Under the name of "_____" .

　　This is the confirmation slip. Here it is.

A：Sure. Here is your room key and a breakfast voucher.

B：When do you start serving breakfast?

A：It will be served from 6:30 to 8:30 in the main hall on the second

floor.

B：I got it. Thank you.


　　〈部屋に入って〉

A：Are these fruits complimentary?

B：Yes, they are. Please enjoy them.

A：The hot water isn't running.

　　Could you come and fix it?

B：Certainly. I'll send someone there.

　　Please wait a moment.

I'd like to check in.

## ＊その他役立つフレーズ

I made a reservation online.
（オンラインで予約しました）

Is the tap water safe to drink?
（水道の水は飲んでも安全ですか？）

Put all valuables in the safe.
（貴重品は全て金庫の中に入れて下さい）

I'm locked out.
（閉め出されました）

Can you keep my baggage until the check-in time?
（チェックインの時間まで，荷物を預かって頂けませんか？）

Could you keep our luggage until we leave, please?
（出発まで荷物を預かって頂けませんか？）

The sink in the bathroom is clogged.
（お風呂の洗面台がつまっています）

The toilet does not flush.
（トイレが流れません）

I left my card key in the room.
（カードキーを部屋の中に置いたままにしました）

Can I have another one?
（もうひとつのかぎを頂けますか？）

Could I have your credit card for the deposit?
（保証金支払いのために，クレジットカードをお願いします）

I don't have enough bath towels.
（バスタオルが充分じゃないです）

Could you bring some towels?
（何枚か持ってきて頂けますか？）

Is there free Wi-Fi in the room?
（部屋でワイファイが無料で使えますか？）

The Wi-Fi doesn't work.
（ワイファイが使えません）

Something is wrong with the air-conditioner.
（エアコンの調子が悪いようです）

Water is leaking.
（水がもれています）

There is something wrong with the TV.
（テレビが何かおかしい）

The water is not hot enough.
（お湯が熱くありません）

Would you give me another room?
（他の部屋はありますか？）

Can I move to a different room?
（違う部屋に移動していいですか？）

People in the next room are very noisy.
（となりの部屋の人達がとてもうるさいです）

This room smells bad.
（部屋がへんな臭いがします）

Anything from the minibar?
（ミニバーをご利用されましたか？）

No, nothing.
（いいえ，何も）

# Scene 19　ショッピング

A：Excuse me, where can I find key chains?

B：They're on the third aisle from the left.

A：Thank you, and do you have some stationery?

B：Yes, we have. The section is in aisle 5.


〈買い物が済んでレジでの会話〉

A：I'll take them. Could you gift wrap them?

B：Sure, no problem.

A：Wrap them separately, please.

　　How much does it cost altogether?

B：That comes to 65 dollars.

A：Do you accept credit cards?

B：Sure thing. You can use it.

A：Is tax included?

B：Your total is with tax.

A：That's a great deal. This shop was really good value for money. I

　　enjoyed it a lot.

B：I'm so glad to hear that.

　　Making customers happy makes us happy.

It's a great deal.

Elie

## ＊その他役立つフレーズ

It's a good deal.

（お買い得です）

Just browsing.

（ただ見ているだけです）

I highly recommend it.

（かなりオススメです）

Do you have this in blue?

（これの青はありますか？）

Either is fine.

（どちらでもいいです）

What is this made of?

（何で出来ていますか？）

Could you alter the hems?

（裾を直して下さい）

May I try this on?

（試着してもいいですか？）

Does it have a warranty?

（保証書は付いてますか？）

I shoud have bought that.

（あれを買っておけばよかった）→買わなかったので後悔している

One-size-fits-all

（フリーサイズ）

high-end store

（高級店）

Could you pick（me）up some laundry detergent?

（ついでに洗剤を買ってきてもらっていい？）

I bought a bag on impulse.

（バッグを衝動買いした）

I always check the expiration date.

（いつも消費期限をチェックしています）

Can I get an extra bag?

（もう一つ袋をいただいていいですか？）

Can you wrap them individually?

（別々に包んで頂いてよろしいでしょうか？）

Paper or plastic?

（紙袋ですか？ ビニール袋ですか？）

Which one is not sold in Japan?

（日本で販売されていないのはどれですか？）

Could you alter this, please?

（直して頂けますか？）

Could you show me this one?

（これを見せて頂けますか？）

May I have a tax refund form?

（税金払い戻し用紙を頂けますか？）

Buy one get one free.

（１つ購入すると１つが無料）

mom and pop store

（家族経営の小さな店）

# Scene 20　食事（レストラン）①

A : Are you ready to order?

B : What kind of drink do you have?

A : We have alcohol, soft drinks, coffee, you name it.

B : I see. We'll just start off with beer.

　　Do you have any local specialities?

A : Of course. Our signature dish is beef stew.

　　We can offer this as a set meal.

　　It goes well with the red wine.

B : That must be good.

　　May I order wine by the glass?

A : Sure. Also nibbles will be served.

B : Sounds good. Bread comes with it?

A : Yes, we serve some baguettes.
　　　　　　　　　[bægét]

B : Perfect! I'll have that.

A : Great. Anything else?

B : We're OK for now.

This restaurant is awesome!

56

## ＊その他役立つフレーズ

Can I have a half-portion?

（半分の量でお願いします）

Have some more.

（もう少し食べる？）

I'll have the same.

（同じものを下さい）

Make that two.

（私も同じものを下さい）

This is not what I ordered.

（注文したものと違います）

Is the service charge included?

（サービス料は，含まれていますか？）

Can I get a refill?

（おかわりいただけますか？）

We'd like to pay separately.

（別々に支払いをしたいのですが）

Can I have the same as him/her?

（あちらと同じものを作って頂けますか?）

Can I have that without onions?

（玉ねぎ抜きでいただけますか？）

Nabe is my go-to meal on a cold night.

（鍋は，寒い夜の定番です）

It has a good aftertaste.

（あと味がいいです）

It has a light and refreshing taste.

（軽くて，爽やかな味ですね）

It has a unique flavor.

（独特の味です）

What's in it?

（何が入ってますか？）

For here, or to go?

It's heavy and rich.

（こってりして濃厚な味）

It's addictive.

（くせになる味です）

This one has wasabi in it.

（これには，ワサビが入ってます）

（こちらでお召しあがりですか？　それともお持ち帰りですか？）

I have a sweet tooth.

（私は甘党です）

There's always room for dessert.

（デザートはいつも別腹です）

# Scene 21　食事（レストラン）②

B：That really hits the spot.

C：It sure does. Nothing beats beer after a long day.

B：Yes, I couldn't be happier.

　　And this dish is really good.


　　〈Server がお皿を下げに来ました〉

A：Have you finished?

B：No, we're still working on it.


　　〈支払い〉

A：Here's your bill.

B：Does it include tax and gratuity (tip)?

A：Yes.

C：Let's split the bill.

B：No, no, it's my treat.

C：Well, if you insist…

B：Be my guest.

　　We enjoyed the surf and turf a lot.

　　Thank you for a lovely meal.

A：My pleasure. Thank you for coming. Hope to see you guys again.

## ＊その他役立つフレーズ

Does this come with soup and salad?

（スープとサラダは付いてきますか？）

I prefer meat to fish.

（魚より肉の方が好きです）

Say when.　→ワインなどをグラスに注ぐ時

（ちょうどいいところで言ってください）

When.

（そこまでで結構です）

Here's to you.　To your health.　Bottoms up.

（乾杯！）　　　　（健康に乾杯！）（ぐいっと飲んで, 乾杯!〈グラスが空になるまで飲んで〉）

Would you like a refill?

（おかわりはいかがですか？）

Tea would be nice.

（お茶をいただけますか）

She's picky about food.

（彼女は, 食べ物の好き嫌いが多い）

I'm not a big eater.

（私は, 大食家ではありません）

〜 is a must eat in the fall.

（〜は, 秋には絶対食べるべき食べ物です）

I'm starving.

（お腹ペコペコです）

Uncarbonated mineral water, please.

（炭酸抜きのミネラルウォーターを下さい）

water without gas.

（ガス抜きの水）

sparkling water

（炭酸水）

still water

（普通の水）

tap water

（水道の水）

eye-opener

（朝の目覚めのために飲むアルコール。ハワイのレストランのメニューにありました）

Use it sparingly.

（少しずつ使って下さい）

Let's dig in.

（食べましょう）

※ワサビなどを使う時

This round is on me.

（今回は私のおごりです）

Hold the pickles, please.

（ピクルス抜きでお願いします）

Easy on the ketchup, please.

（ケチャップ少なめでお願いします）

Extra mayonnaise, please.

（マヨネーズ多めでお願いします）

# 自己紹介 Template（テンプレート）

※空欄にご自分の事を入れ，自己紹介文を作り上げて下さい。

Hi, everyone.　　Let me introduce myself. →少人数の前で自己紹介する場合
（皆さん，こんにちは）（自己紹介させて頂きます）　　は，カットしても大丈夫です。

I'm _____ . I live in _____ near _____ .
（名前を入れて下さい）（住んでいる所）（目印になるような物）

I'm originally from _____ .　　　I was born and raised in _____ .
（元々は～出身です）　　　　　　（生まれも育ちも）

I was born in _____ , but raised in _____ .
（～で生まれて）　　　（～で育ちました）

I moved here _____ years ago.　　There are _____ people in my family.
（～年前にここに引っ越してきました）　（～人家族です）

I love to travel.　　　　　　　　In my free time, I like to read books.
（旅行をするのが好きです）　　　　（暇な時は，本を読むのが好きです）

I enjoy playing the piano.　　　　I work for ABC company.
（ピアノを弾いて楽しみます）　　　（ABC 会社に勤めています）

I'm a big fan of _____ .　　　It's a pleasure to meet all of you.
（私～の大ファンです）　　　　　　（皆さんにお会い出来てとても嬉しいです）

---

Thank you. （ありがとうございます）
※自己紹介のしめくくりは、Thank you の他に以下の４つのフレーズが
　あります。参考にして下さい。
Pleased to meet you. （よろしくお願いします）
It's very nice to meet you. （お会い出来て嬉しいです）
That's me. / That's me in short. （簡単な自己紹介をさせて頂きました）
Thank you for letting me share. （共有させて頂いてありがとうございます）

I was born in Japan but I grew up in the U.K.

(日本で生まれて，イギリスで育ちました)

I usually spend my days off reading comic books.

(私はたいてい，お休みの日は，マンガを読んで過ごします)

I especially like Jazz music.          I'm into ～ ing.

(私は，特にジャズが好きです)          (～に夢中です)

I've been taking piano lessons since I was 5 years old.

(5歳の頃から，ピアノを習っています)

I sometimes make sweets.          I love to go for a walk.

(時々，お菓子を作ります)          (散歩に行くのが大好きです)

I love traveling abroad.          I like working out at the gym.

(外国旅行が大好きです)          (ジムでトレーニングするのが好きです)

looking at art     taking pictures     mountain climbing

(絵画鑑賞)          (写真を撮る)          (山登り)

eating out          gardening          singing          bathing in a hot spring

(外食)          (庭いじり)          (歌うこと)     (温泉に入る)

My favorite pastime is watching movies.

(私の好きな余暇の過ごし方は，映画を見る事です)

I like to do arts and crafts.          to play an instrument.

(美術工芸をすることが好きです)          (楽器を弾くことが好きです)

I'm from ～ , which is located in the western  part of Japan.

(出身です)     (位置しています)          (日本の西部に)

eastern          northern          southern

(東部)          (北部)          (南部)

I'm a/an ～ person.〔cheerful  kind   strict     honest  outgoing  friendly〕

(性格を言う時)          (陽気)   (親切) (きびしい) (正直) (外向的) (親しみやすい)

# 口ぐせにして毎日つぶやいて欲しいフレーズ

　さて，ここからは，いつも，どこにいても，声に出して言いたい英語，口ぐせにして欲しい英語，覚えやすい短い英語フレーズをいくつかご紹介します。

　覚えたセンテンスは，□ の中にチェックを入れて下さい。日付も一緒に入れると分かりやすいですね。

□ ① Look at you.　（わあ，素敵〈久々に会った友達がドレスアップしてとても綺麗だった時，驚きの言葉〉）

□ ② That's news to me.　（それは，初耳です）

□ ③ Either is fine.　（どちらでもかまいません）

□ ④ So far, so good.　（今のところ，順調です）

□ ⑤ Let me sleep on it.　（一晩考えさせて下さい）

□ ⑥ Feel free to use it.　（ご自由にお使い下さい）

□ ⑦ That would be nice.　（それはいいですね，そうしてもらえるとありがたい）

□ ⑧ I'm in.　（私も参加します，仲間に入ります）

□ ⑨ Hat off to you.　（あなたに脱帽です，尊敬します，すごいね）

□ ⑩ That figures.　（やっぱりね，思った通りだ）

□ ⑪ Slipped my mind.　（うっかり忘れた）

□ ⑫ Count me in.　（私も数に入れておいて→参加します）

□ 　　Count me out.　（私は数からはずして→参加しない）

□ ⑬ I thought so.　（そうだと思った，やっぱりね）

□ ⑭ Beats me.　（〈答えがわからない時に〉全く分からない）

□ ⑮ You have my word.　（約束します）

□ ⑯ You name it.　（何でも言ってみて下さい〈ここでは name は名を言う，あげるという動詞で使われています〉）

□ ⑰ I could tell.　（私にはわかる，やっぱりね）

62

☐ ⑱ Sure thing. （もちろんです）

☐ ⑲ Here we are. （さあ，着きましたよ〈目的地に〉）

☐ ⑳ That's life. （それが人生さ，仕方がない）

☐ ㉑ Well said. （言えてるね，うまいこと言うね）

☐ ㉒ Ditto. （私も同じ〈映画『ゴースト』の中に出てきましたね，ラテン語由来の言葉です〉）

☐ ㉓ I feel the same way. （私も同感です）

☐ ㉔ Leave the room as it is. （部屋は，そのままにしておいて下さい）

☐ ㉕ Play it by ear. （臨機応変にやろう，ぶっつけ本番）

☐ ㉖ Fair enough. （あなたの言うとおり，それでいい，妥当な案だ）

☐ ㉗ That's it. （それだけ，まさにその通り，以上です，それだけ？）

☐ ㉘ I'll sign up. （申し込みます）

☐ ㉙ Better safe than sorry. （備えあれば憂いなし，用心に越したことない）

☐ ㉚ It happens. （よくあることです）

☐ ㉛ Way to go. （その調子，よくやった）

☐ ㉜ It's a deal. （それで決まり，それで手を打とう）

☐ ㉝ It's short notice. （突然のお知らせ，直前の通知）

☐ ㉞ Good for you. （よくやった，よかったね）

☐ ㉟ You made my day. （あなたのおかげで良い一日になりました）

☐ ㊱ What a relief! （あーホッとした）

☐ ㊲ Something came up. （急用ができた，ちょっと用事が入った）

☐ ㊳ Poor things. （それは，かわいそうに）

☐ ㊴ That was close. （危機一髪だった，危なかった）

☐ ㊵ This is it. （まさにこれ，さあ，いよいよです）

☐ ㊶ (Just) Give it a try. （やってみて）

☐ ㊷ If you insist. （そこまでおっしゃるなら，お言葉に甘えて）

□ ㊸ I got ripped off. （ぼったくられた）

□ ㊹ I mean it. （本気で言っているんだよ）

□ ㊺ Look at that. （まあ見て，すごい）

□ ㊻ Lucky you. （ついてるね，うらやましい）

□ ㊼ Likewise. （こちらこそ）

□ ㊽ It's up to you. （あなた次第です）

□ ㊾ It can't be helped. （仕方がない）

□ ㊿ You flatter me. （お世辞でも嬉しい）

□ (51) Thanks, though. （とりあえずありがとう）

□ (52) How do I look? （どう，似合うかしら）

□ (53) Go right ahead. （どうぞ，どうぞ）

□ (54) I'm almost there. （もうすぐ着きます）

□ (55) Don't mention it. （どういたしまして，礼には及びません）

□ (56) I'm all ears. （しっかり聞きますよ，興味津々）

□ (57) Kind of. （まあね，そんな感じ）

□ (58) Time will tell. （時間が解決してくれる）

□ (59) It's a pain. (in the neck) （面倒くさい）

□ (60) What a troublesome thing. （なんて，めんどうくさいんだ）

□ (61) Look at the time. （あら，もうこんな時間）

□ (62) There you are. （ここにいたのね）

□ (63) Speak of the devil. （ウワサをすれば影）

□ (64) Good enough. （それで十分です）

□ (65) That's my line. （それは，こっちのせりふです）

□ (66) It's worth it. （それだけの価値があります）

□ (67) It depends. （時と場合によります）

□ (68) That explains it.

（そう言うことだったのか，なるほど，それで説明がつく）

# これを英語で言いたかった

　言えそうで言えない日本語をそのまま直訳すると，変な英文になってしまう事ってありますよね。そういう時は自分で新しく文を作ろうとするのではなく，既存のセンテンスを生かし，主語を変えたり，付け加えたりして，自分オリジナルのセンテンスに仕上げましょう。

　ここでは，その元となるセンテンスをいくつか御紹介します。

☐ ① I had a hectic day. （すごく忙しかった，てんてこ舞いだった）

☐ ② You can have it. （それ，あげるよ）

☐ ③ I'm sweating from head to toe. （頭からつま先まで，汗びっしょり）

☐ ④ I'm busy with this and that. （あれやこれやで忙しい）

☐ ⑤ I'll call the repair people first thing tomorrow morning.
　　（明日の朝一番に修理屋に電話を入れます）

☐ ⑥ That makes sense. （なるほど，筋が通っている）

☐ ⑦ Those were the good old days. （昔が懐かしい，あの頃は良かった）

☐ ⑧ It's better than nothing. （無いよりマシだ）

☐ ⑨ It was a productive meeting. （有意義な生産的な会議でした）

☐ ⑩ He made a decision on the fly. （彼は，その場で決断した）

☐ ⑪ Let's play it by ear. （臨機応変にやろう，即興で）

☐ ⑫ I'm relieved to hear that. （それを聞いて安心しました）

☐ ⑬ The discussion was very fruitful.
　　（その討論は，とても実りのあるものでした）

☐ ⑭ He tripped and fell. （彼はつまずいてころんだ）

☐ ⑮ There is nothing like home. （我が家にまさるものなし）

☐ ⑯ You dropped something. （何か落としましたよ）

☐ ⑰ That's a rip-off. （それは，ぼったくりだ）

☐ ⑱ Please leave the door open. （ドアを開けたままにしておいて下さい）

☐ ⑲ We're on the same page.

（共通の認識を持っている，理解が一致している）

☐ ⑳ It's wasn't on purpose. （わざとではなかった）

☐ 　I don't mean it. （そんなつもりではなかった）

☐ ㉑ What brought you to this seminar?

（このセミナーに来たきっかけは何ですか？）

☐ 　What brought you to Japan? （日本に来た動機は何ですか？）

☐ ㉒ I got caught in a traffic jam on the way.

（来る途中，交通渋滞にはまりました）

☐ ㉓ It's on the tip of my tongue. （〈答えが〉ここまで出かかっている）

☐ ㉔ I'm off to work. (school) （仕事に行きます（学校に行きます））

☐ ㉕ It totally (completely) slipped my mind. （すっかり，ど忘れしていた）

☐ ㉖ I completely forgot. （完全に忘れていました）

☐ ㉗ That's hilarious. （それはとても面白い，ウケる）

☐ ㉘ I blew it. （失敗した）

☐ ㉙ That happens a lot. （よくある事です）

☐ ㉚ That's exactly what I need. （それはまさに私が必要なものです）

☐ ㉛ That's exactly what I am looking for.

（それは，まさしく私が探していたものです）

☐ ㉜ I double checked before I left my home.

（家を出る前に，再確認した）

☐ ㉝ It's nice to finally meet you in person.

（ついに，直接お会いできて，とても嬉しいです）

☐ ㉞ Sorry for the short notice. （直前の連絡ですみません）

☐ ㉟ Finally I'm getting used to my job. （ついに，私は仕事に慣れた）

- [ ] ㊱ How can I make it up to you?
（どうやって，埋め合わせをすればいい？）
- [ ] ㊲ I was about to call you. （あなたに電話をするところだった）
- [ ] ㊳ Feel free to use. （どうぞご自由にお使い下さい）
- [ ] ㊴ Let's save that for later. （それはあとのお楽しみ）
- [ ] ㊵ I spent today lounging around. （のんびりと過ごしました）
- [ ] ㊶ He was lounging on the sofa. （彼はソファーでくつろいでいた）
- [ ] ㊷ I sleep on and off. （寝たり起きたりしている）
- [ ] ㊸ I was up late last night. （夕べは遅くまで起きていた）
- [ ] ㊹ Early to bed, early to rise, make a man healthy, wealthy and wise.（早寝，早起は，人を健康に，裕福に，そして賢明にする）
- [ ] ㊺ You can leave it there as it is.
（そこに，そのままにしておいていいですよ）
- [ ] ㊻ Let's talk about it over dinner.
（夕食を食べながら，それについて話しましょう）
- [ ] ㊼ We only have 30 minutes left. （30 分しか残っていません）
- [ ] ㊽ I haven't been to a café in ages. （私はずっとカフェに行っていない）
- [ ] ㊾ We're running out of time. （もう時間がなくなってきています）
- [ ] ㊿ Any seats available? （席，空いていますか？）
- [ ] (51) I got my bangs cut at the hairdresser's today.
（今日，美容院で前髪を切ってもらった）
※hairdresser's salon の salon を省略した形。よくこう言うことがあります。
- [ ] (52) That would be a bit awkward. （ちょっと気まずい）
- [ ] (53) What does it say? （何て書いてある？）
- [ ] (54) My legs get numb. （足がしびれている）
- [ ] (55) I got stage fright. （あがりました，緊張する）

□ (56) I was glued to the TV watching the baseball game.
(野球の試合に釘づけになりました)

□ (57) I'm used to it. （もう慣れました）

□ (58) To be on the safe side, I'll take a wait and see stance.
(大事をとって，私は，様子見の姿勢を取ります)

□ (59) The wall was covered with graffiti.
(その壁は，落書きでおおわれていた)

□ (60) Graffiti prohibited. （落書きは禁止されています）

□ Remove graffiti from the wall. （壁から落書きを取り除いて下さい）

□ (61) I have a makeup class tomorrow. （明日補講がある）

□ (62) I have to stop eating between meals.
(私は，間食を止めなければならない)

□ (63) I cut through the red tape. （面倒な手続きを切り抜けた）

□ (64) It's time to wrap up the meeting. （会議をまとめる時間です）

□ (65) It was a slip of the tongue. （つい口がすべってしまった，失言した）

□ (66) Can I take a look? （ちょっと見てもいいですか？）

□ (67) Give us some feedback. （ご意見をお聞かせ下さい）

□ (68) I crashed out while watching TV. （テレビを観ながら，寝落ちした）

□ (69) All is well that ends well. （終わりよければ全てよし）

□ (70) Let's just wing it. （ぶっつけ本番でやろう，即興で）

□ (71) I binge-watched ～ over 2 days. （２日間，一気見した）

□ (72) I binge-read ～ （～を一気読みした）

□ (73) It's worth a try. （やってみる価値があります）

□ (74) That's the spirit. （その意気だ，そうこなくっちゃ）

□ (75) This picture brings back memories. （この写真，なつかしいですね）

□ I miss those days. （その頃がなつかしい）

☐ ⑦⑥ What inspired you to study English?

（どうして英語を勉強しようと思ったのですか？）

☐ ⑦⑦ What brought you to Japan?　（日本に来られたきっかけは何ですか？）

☐ ⑦⑧ What made you come to Tokyo?

（何がきっかけで東京に来られたのですか？）

☐ ⑦⑨ When is her due date?　（出産予定はいつですか？）

☐ ⑧⓪ She is due on the _____ .　（予定日は, _____ です）

☐ ⑧① Be careful not to catch a cold.　（風邪をひかないように気をつけてね）

☐ ⑧② I walk my dog.　（犬を散歩させます）

☐ ⑧③ I'll walk you home.　（あなたを送ります〈歩いて〉）

☐ ⑧④ I take my child (my grandma) for a walk.

（子供（祖母）を散歩に連れていきます）

☐ ⑧⑤ I was out and about all day.　（１日中でかけていました）

☐ ⑧⑥ Can you pick up some milk on your way home?

（家に帰る途中, ついでに牛乳を買ってきてくれませんか？）

☐ ⑧⑦ I need to run a quick errand.　（ちょっと用事を済ませてこないと）

☐ ⑧⑧ It makes no difference.　（違いはありません）

☐ ⑧⑨ That's easier said than done.

（口で言うことは簡単だけど, 実際に行うのは難しい）

☐ ⑨⓪ How troublesome!

☐ 　It's a pain in the neck.

☐ 　What a bother.

☐ 　What a hassle.

　すべて, 面倒くさいという意味のフレーズです。覚えやすい, 使い

やすいフレーズを選んで, どんどん口に出して下さい。

☐ ⑨① I got tongue-tied again.　（また, かんでしまった）

☐ ⑨② You two are like oil and water. （あなた達二人は, 水と油ですね）

☐ ⑨③ I've been wearing two hats.

（ずっと二足の草鞋を履いてきた〈ひとりで二つの仕事をこなしてきた〉）

☐ ⑨④ I don't want to live a cookie-cutter life.

cookie-cutter ＝ stereotyped

（私は, 型にはまった個性のない生き方をしたくない）

☐ ⑨⑤ It's just sour grapes. （負け惜しみ）

イソップ物語の「キツネとブドウ」に由来します。高いところにあるブドウをキツネが取ろうとして, 手が届かないので, "酸っぱいに違いない" と負け惜しみを言ったことから。

☐ ⑨⑥ Her smile is my eye candy.

（彼女のほほえみは, 目の保養になります）

☐ ⑨⑦ Just chilling at home. （ただ家でゴロゴロしてます）

☐ ⑨⑧ How's your new business coming along?

（新しい仕事の進行状況はどうですか？）

☐ ⑨⑨ I have dreamed of this moment for years.

（この瞬間を, ずっと夢みていた）

☐ ⑩⓪ Something like that. （大体そんな感じ, ～など, ～とか）

☐ ⑩① I get nervous easily. （私は緊張しやすい）

☐ ⑩② I have itchy feet. （旅に出かけたくて, うずうずする）

☐ ⑩③ It can't be helped.

☐ I have no choice.

（しょうがない, 仕方ない）日常会話で, よく使う言葉ですね。

☐ It is what it is. →それは, そういうものだ→仕方がない

☐ ⑩④ Wish me luck. （幸運を祈っててね）

☐ ⑩⑤ I came up with this idea. （この考えを思いついた）

☐ ⑩⑥ He is all thumbs. （彼は, 不器用だ）

# 状況別フレーズ集

　次のセクションでは，〈感謝・ありがとう〉〈ほめる〉〈はげます〉〈なぐさめる〉〈SNS〉などで使う言葉をカテゴリーごとに分けて紹介しています。

　ですから，辞書のような感じでお使い下さい。

　たとえば，誰かに感謝の言葉を言いたい時，〈感謝・ありがとう〉のページを開き，その中から，その状況にピタッとくる，使いやすい，覚えやすいフレーズを選んで，声に出したり，ノートに書いてみたり，実際にメールで送ってみたりして下さい。

　何度も繰り返しているうちに，自然とそのフレーズが自分のものになってきます。

　完璧に覚えたなと思ったら，そのフレーズの横にチェック ☑ を入れ，次々と消していって下さい。

　ゲームのように，知っているフレーズが増えていくことが楽しくなると思います。

　また，日付を入れたりして，可視化することで自分の目標になりはげみにもなります。

　さあ，コツコツと 1 つずつクリアしていきましょう。

ベルサイユ宮殿
鏡の間

# あいづち（1）

☐ Exactly.　　　☐ I see.　　　☐ Absolutely.　　☐ Really.
（確かに）　　　（なるほど）　　（絶対）　　　（ほんとう？）

☐ Definitely.　　☐ You said it.　　☐ That's it.　　☐ Indeed.
（全くその通り）　（全くその通り）　（まさにその通り）（たしかに）

☐ No kidding.　　☐ Go ahead.　　☐ Go on.　　　☐ You bet.
（冗談でしょ？）　（どうぞ）　　　（続けて）　　（もちろん）

☐ I like it.　　　☐ That make sense.　　☐ You can say that again.
（それ, いいね）　（理にかなってる）　　　（その通り）

☐ Then what?　　☐ What happens next?　☐ I hear you.
（それからどうなった？）（次はどうなる？）　（言いたいことはわかる）

☐ I knew it.　　　☐ I didn't know that.　　☐ Sounds interesting.
（やっぱりね）　　（知らなかった）　　　　（おもしろそう）

☐ Now, I've got it.　☐ Are you kidding?　　☐ That's news to me.
（それでわかりました）（ウソでしょう？）　　（初耳です）

☐ Same here.　　☐ Me neither.　　　☐ You either.
（こちらも同様です）（否定文を受けて→私も）（あなたも）

☐ It must be fun.　　　　　　　☐ I feel the same way.
（それは楽しいに違いない）　　　（私も同じように感じます）

☐ I couldn't agree more.　　　☐ Indeed it is.
（これ以上賛成できない→大賛成だ）（実にそのとおりです）

※否定しているようですが, つまり裏を返すと「大賛成だ」という意味になります。

☐ I'm with you.　　　　　　　　☐ It sure is.
（あなたと一緒にいる→同感です, 同じ意見です）（確かにそうですね）

☐ The pleasure was mine.　　　☐ That's true.
（こちらこそ楽しかったです, どういたしまして）（ほんとうに, その通り, 確かにね）

☐ That's good to know.
（教えてくれてありがとう, いいことを教えてもらいました）

## ■ あいづち（2）

☐ So do I.
（私もそうです）

☐ You must be nervous.
（緊張しているに違いない）

☐ I can imagine.
（想像できます）

☐ Fabulous.
（すごい）

☐ Lucky you.
（ついてるね）

☐ That's terrible.
（それは，ひどい）

☐ So did I.
（私もそうでした）

☐ You must be kidding.
（冗談では？）

☐ You must be tired.
（疲れているに違いない）

☐ That must be tough.
（たいへんに違いない）

☐ Why not?
（なんで？，もちろん）

☐ Awesome.
（素晴らしい，すごい）

☐ No way.
（とんでもない）

☐ Awful.
（ひどい）

☐ That's a bummer.
（それは残念だね，まいったね）

フランス
ゴッホが描いた
「アルルの跳ね橋」

## 話のきっかけフレーズ（1）

☐ Can I talk to you?
（お話してもいいですか？）

☐ We need to talk.
（話があります）
ネガティブな会話が始まる事を示します。

☐ You know what.
（あのね）

☐ As I was saying earlier 〜
（さっきの話だけど）

☐ What I'm trying to say is 〜
（私が言いたいのは）

☐ From my point of view
（私の観点からすると，私の見解では）

☐ To make a long story short
（要するに）

☐ The point is to 〜
（要するに〜，重要なのは〜）

☐ Now I remember
（それで思い出したんだけど）

☐ Sorry to change the subject, but 〜
（話題を変えてすみませんが）

☐ In a word
（一言で言えば）

☐ Do you have a minute?
（時間ありますか？）

☐ Do you have a sec?
（少し時間ありますか？）

☐ Have you heard?
（聞いた？）

☐ By the way,
（ところで）

☐ The thing is 〜
（つまり，実は，要は）

☐ Changing the subject
（話は変わりますが）

☐ Talking of 〜
（〜と言えば）

☐ The problem is that 〜
（問題点は〜）

☐ This is just a thought
（ちょっと自分が思ったのは〜）

☐ Personally
（個人的には）

☐ In other words
（言い換えれば，つまり）

# 話のきっかけフレーズ（2）

☐ I would say that ～
（～と言えると思います）

☐ It says ～
（～と書いてあります）

☐ May I cut in here?
（割り込んでもいいですか?）
お話の途中，失礼します。

☐ I see your point, but ～
（あなたの見解はわかりますが, しかし～）

☐ In my experience
（私の経験では）

☐ In conclusion
（結論として）

☐ Well, let me see
（えーとー）

☐ As far as I know
（私が知る限りでは）

☐ If I remember correctly
（私の記憶が正しければ）

☐ Speaking from my experience
（私の経験から言うと）

☐ That reminds me
（それで思い出したんだけど）

☐ You mean ～
（(I mean) ～ってこと?）

☐ In short
（要するに）

☐ The truth is ～
（実は～）

☐ such as
（たとえば）

☐ How can I say it
（なんて言ったら）

☐ Like I said
（さっきも言ったように）

☐ Let's say
（たとえば）

☐ To begin with
（はじめに）

☐ Guess what?
（ねえ, 何だと思う?あててみて）

☐ As you can see
（見ての通り）

☐ This is just a friendly reminder that ～
（～について念のためお知らせします）

☐ Just a gentle reminder ～
（～について念のためお知らせします）
reminder は "忘れていませんか" の確認ですが，これに gentle を付け加えると，やわらかな，そして丁寧な表現になります。圧力を感じさせない催促です。

## ■ ポジティブフレーズ

☐ Is your glass half empty or half full?

（楽観的ですか？　悲観的ですか？）

（あなたのグラスは半分**しか**はいっていませんか？　半分**も**入っていますか？）

☐ Things are looking up.

（状況は良くなってきている）

☐ There's nothing to lose.

（失う物は何もない）

☐ Stay positive.

（なんとかなる，前向きに考える）

☐ Things will work out.

（うまくいくよ）

☐ Turn over a new leaf.

（心機一転する，気持ちを入れ替える）

☐ I'll get over it.

（克服する，乗り越える）

☐ Where there's a will, there's a way.

（意志があるところに，道が開ける）

☐ Here goes nothing.

（当たって砕けろ，駄目もと）

☐ What's done is done.

（済んだことは済んだこと，もう取り返しはつかない）

☐ Everything went better today than I thought.

（今日は思ったより全てがうまくいった）

☐ Failure is another stepping stone to greatness.

（失敗は大成功への足がかり）

☐ Making constant effort is important.

（たゆまぬ努力をすることが重要です）

☐ Age is just number.

（年齢はただの数字です）

☐ Daily practice will never fail you.

（日々の練習は，決してあなたを裏切りません）

☐ Everything will work out.

（すべてうまくいくよ）

☐ What will be, will be.

（なるようになる）

☐ Let's keep moving forward.

（前進し続けましょう）

ケ・セラ・セラという歌の中に，なるようになるさ　♪ what will be, will be という歌詞が出てきます。

## 感謝・ありがとう

☐ Thank you for everything.
（いろいろとありがとうございます）

☐ I appreciate it.
（感謝します）

☐ That's very kind of you.
（親切にどうもありがとうございます）

☐ I appreciate your help.
（ご協力に感謝します）

☐ Thanks a lot.
（ありがとうございます）

☐ It's very kind of you.
（ご親切にありがとうございます）

☐ Thank you from the bottom of my heart.
（心の底から感謝致します）

☐ Thank you, anyway.
（とにかく，ありがとうございます）

☐ Thank you for your concern.
（お気づかいありがとうございます）

☐ Thank you for taking the time.
（お時間頂きありがとうございます）

☐ My pleasure.
（どういたしまして）

☐ Thanks for the compliment.
（ほめて頂いてありがとうございます）

☐ I'm flattered.
（お世辞でも嬉しいです）

☐ I can't thank you enough.
（感謝してもしきれません）

☐ Thanks a million.
（本当にありがとうございます）

☐ Thank you for your feedback.
（ご意見，ありがとうございます）

☐ You are a lifesaver.
（あなたは命の恩人です）

☐ How can I thank you enough?
（何てお礼を言ったらいいのか，お礼の言いようがありません）

☐ I'm speechless.
（嬉しくて→言葉も出ません，あきれて→ものも言えない）

☐ I don't know what to say.
（何て言ったらいいのかわかりません）

☐ Thank you for caring about me.

(私のことを，気にかけてくれて〈心配してくれて〉ありがとう)

☐ Thank you for being so kind to me.

(ご親切にどうもありがとうございます)

☐ I appreciate your kind remark.

(あなたの優しい言葉〈あたたかい言葉に〉感謝します)

☐ Thanks for such an awesome time.

(素晴らしい時間をありがとうございました)

☐ You made my day.

(あなたのおかげで，今日一日が良い一日になりました)

☐ Thank you as always.

(いつもありがとう)

ルーヴル美術館で
模写する画家

# ■ ほめる

☐ Good job.
（よくやった）

☐ Well done.
（よくやった）

☐ You did it.
（よくやった）

☐ Way to go.
（よくやった，その調子）

☐ You look great.
（すごい）

☐ I envy you.
（うらやましい）

☐ That's really something.
（それは大したものです）

☐ Good for you.
（よかったね）

☐ I like your dress.
（あなたのドレス素敵）

☐ You have a good sense of fashion.
（洋服のセンスがありますね）

☐ You're so reliable.
（あなたはとても頼り甲斐がある）

☐ You should be proud of yourself.
（誇りに思ったほうがいいですよ）

☐ It looks good on you.
（よく似合ってます）

☐ You look good in your kimono.
（着物がよく似合いますね）

☐ Terrific!
（素晴らしい）

☐ Amazing.
（素晴らしい）

☐ Awesome!
（すごい）

☐ Cool!
（かっこいい）

☐ You made it.
（やったね，間に合ったね，よく来てくれました）

☐ That's incredible.
（信じられないほど素晴らしい）

☐ You look very fit.
（とてもお元気そうです）

☐ You're so hilarious.
（あなたはとてもおもしろい）

☐ You look wonderful with that hairdo.
（その髪型がとても素敵）

☐ That tie goes very well with your coat.

(そのネクタイは，そのコートにとてもよく似合っている)

☐ You have wonderful taste in clothes.

(洋服のセンスがとてもいいですね)

☐ I knew you could do it.

(さすが，あなたならできると思っていた)

☐ That's my mom.

(さすがお母さん)

☐ Well put.

(うまい事言うね)

☐ You're something.

(あなたはすごい人だ)

☐ Very impressive.

(とても印象的です)

☐ Kudos to you.

(あなたを称賛します，すばらしい，よくやった)

☐ This design is so you!

(そのデザインはあなたらしい)

This 〜 is so you.

(あなたらしい)

☐ You're very photogenic.

(あなたはとても写真写りがいい)

☐ That's a cute hair-do.

(とてもかわいらしい髪型ですね)

☐ You are a visionary.

(先見の明がある)

☐ I was so impressed.

(とても感動しました)

☐ Gorgeous.

(すばらしい，見事)

※可愛い赤ちゃんを見ても "Gorgeous" と言ったりするのをよく聞きます。

# はげます

- [ ] You can do it.
  （あなたならできる）

- [ ] Stick with it.
  （あきらめないでがんばって）

- [ ] Good luck.
  （がんばって，幸運を祈る）

- [ ] That's the way.
  （その調子でがんばって）

- [ ] That's the spirit.
  （その意気だ）

- [ ] Nice try.
  （おしい，がんばったね）

- [ ] No worries.
  （心配しないで）

- [ ] Don't worry about it.
  （心配しないで）

- [ ] I'm rooting for you.
  （私もあなたを応援しています）

- [ ] Don't work too hard.
  （がんばりすぎないで）

- [ ]  Break a leg.
  （成功を祈る，がんばって）

- [ ] Hang in there.
  （ふんばって，がんばれ）

- [ ] Keep it up.
  （その調子でがんばって）

- [ ] Keep going.
  （立ち止まらず，続けてがんばって）

- [ ] I'm behind you all the way.
  （ずっと応援している）

- [ ] Way to go.
  （その調子）

- [ ] Just do it.
  （行動あるのみ，とにかくやってみて）

- [ ] Almost.
  （あともう少し）

- [ ] Everyone makes mistakes.
  （だれでもまちがいをする）

- [ ] I've been there.
  （私もそんな経験あるから気持ちがわかる）

- [ ] We're all rooting for you.
  （私達はみんな応援しています）

- [ ] Don't push yourself so hard.
  （無理しないで，がんばりすぎないで）

- [ ] Go for it.    - [ ] Cheer up.
  （がんばれ）      （元気だして）

- [ ] Take it easy.
  （気楽にね，無理せずがんばってね）
  ※別れ際に言うと「じゃあね」という
  意味にもなります。

## 喜びを表す

- [ ] Super.
  (すごい)
- [ ] I'm so happy.
  (とてもしあわせ)
- [ ] Sounds good to me.
  (いいね〈自分はそれでいいよ〉)
- [ ] It's amazing.
  (素晴らしい)
- [ ] How lucky.
  (何てついてるんでしょう)
- [ ] Lucky me.
  (ついてる)
- [ ] I can't believe it.
  (信じられない)
- [ ] I can't wait.
  (楽しみ，待ちきれない)
- [ ] This is just what I wanted.
  (これは，まさに私が欲しかったものです)
- [ ] It'll be fun.
  (楽しそう，きっと楽しいよ)
- [ ] I'm over the moon.
  (天にも昇る気持ち，超ハッピー)
- [ ] I'm walking on air.
  (天にも昇る心地，うきうきです)
- [ ] I couldn't be happier.
  (最高に幸せ〈これ以上の幸せはない〉)
- [ ] Never better.
  (最高〈これ以上のことはない〉)
- [ ] I had a blast at the party.
  (パーティーでとても楽しい時間を過した)
- [ ] I'm so happy I could cry.
  (嬉しすぎて涙が出そう)
- [ ] I'm really excited.
  (とてもワクワクしています)
- [ ] Good for you.
  (よかったね)
- [ ] I'm glad to hear that.
  (それを聞いてとても嬉しい)
- [ ] I'm looking forward to seeing you.
  (お会いできるのを楽しみにしています)
- [ ] I was really pleased.
  (私はとても嬉しかった)

## なぐさめる・心配する

☐ I know how you feel.
(気持ちわかります)

☐ I feel for you.
(気持ちわかります)

☐ You can count on me.
(まかせて下さい，当てにしていいよ)

☐ Is something wrong?
(どうかしましたか？)

☐ Let me know if there's anything I can do.
(何か私に出来ることがあったら知らせて)

☐ Don't overdo it.
(がんばりすぎないで)

☐ Take it easy.
(気楽にね)

☐ It happens all the time.
(それは，よくあることです)

☐ It can't be helped.
(しかたがない)

☐ It must be tough.
(大変ね，つらかったでしょう)

☐ Sorry to hear that.
(それはお気の毒に)

☐ What's on your mind?
(何を悩んでいるの？)

☐ That's too bad.
(それはお気の毒)

☐ I'm on your side.
(私はあなたの味方です)

☐ Don't blame yourself.
(自分を責めないで)

☐ It'll work out.
(うまくいくよ)

☐ There's a chance.
(可能性はある)

☐ Why the long face?
(浮かない顔している，大丈夫ですか？　なぜ落ち込んでいるのですか？)

☐ My lips are sealed.
(秘密にするよ〈私は口がかたい〉)

☐ I'll handle it.
(私がなんとかする，私に任せて)

☐ I want you home all in one piece.
(無事に帰って来てね〈分解せずに，一つのまま無事に〉)

# オフィス

☐ I'll make some coffee for you.
(コーヒーを淹れてあげますね)

☐ I'm in charge of 〜　　☐ responsible for 〜
(〜を担当しています)　　(〜を担当している, 〜の責任者)

☐ I have a suggestion.　　☐ Give me the bottom line.
(提案があります)　　(結論を言って下さい)

☐ Let me hear your honest opinions.
(率直な御意見をお聞かせ下さい)

☐ How're things going?　　☐ So far, so good.
(どんな状況ですか, 調子はどうですか?)　　(今のところ大丈夫です)

☐ Let's wrap up the discussion.
(そろそろ話し合いをまとめましょう〈締めくくりましょう, 終わりにしましょう〉)

☐ Sorry, I didn't quite get that.
(すみません, あまり理解できませんでした)

☐ I finished more tasks than I expected.
(思ったより作業が捗った)

☐ Let's call it a day.　　☐ I'm leaving now.
(今日はこの辺にしましょう)　　(そろそろ帰ります〈退社する時〉)

(行ってきます〈家を出る時〉)

☐ I have to work overtime today.
(今日は, 残業をしなくてはならない)

☐ I have a day off tomorrow.
(明日は, 仕事はお休みです)

☐ Starting tomorrow, I will be taking a vacation for a while.
(明日から, しばらく休暇を取ります)

# 怒る

☐ That's enough.
（もう充分）

☐ Give me a break.
（いいかげんにして）

☐ I can't stand it.
（がまんできない）

☐ Don't be silly.
（ばかげたこと言うな）

☐ No more excuses!
（言い訳無用）

☐ That's ridiculous!
（ばかげている）

☐ Don't bother me.
（じゃましないで）

☐ He's disgusting.
（ムカツク）

☐ She gets on my nerves.
（彼女はしゃくに障る）

☐ Don't con me.
（私をだまさないで）

☐ I'm irritated.
（イライラする）

☐ It pisses me off.
（むかつく，気に障る）

☐ It bothers me.
（気にさわる）

☐ Stop complaining.
（文句を言うのをやめて）

☐ You drive me crazy.
（君にはイライラする）

☐ I'm really upset.
（怒っている, イライラしている, 動揺している）

☐ I can't take this anymore.
（もうこれ以上我慢できない，我慢の限界）

☐ Don't make fun of me!
（私のことからかわないで）

☐ It's none of your business.
（余計なお世話）

☐ How stupid.
（なんておろかなんだ）

☐ He makes me sick.
（彼にはウンザリ）

☐ She irritates me.
（彼女は私をイライラさせる）

☐ They're driving me nuts. (crazy)
（彼らには，頭にくる）

☐ Don't irritate me.
（私をイライラさせないで）

☐ It's annoying.
（うっとうしい）

## ■ 驚く

- [ ] Oh, my gosh!
  （おや，まあ）
- [ ] Oh, my goodness.
  （おや，まあ）
- [ ] I can't believe it.
  （信じられない）
- [ ] Incredible.
  （信じられない）
- [ ] That's amazing.
  （それはすごい）
- [ ] No way.
  （とんでもない）
- [ ] That can't be true.
  （あり得ない）
- [ ] I'm speechless.
  （言葉が出ない）
- [ ] You scared me.
  （うわあ，ビックリした）
- [ ] That's surprising.
  （それは驚き）
- [ ] Really?
  （ほんと？）
- [ ] Are you serious?
  （本当ですか？）
- [ ] Is that true?
  （本当ですか？）
- [ ] You must be kidding (joking).
  （冗談にちがいない）
- [ ] No kidding.
  （冗談でしょう？）
- [ ] You're kidding.
  （冗談でしょう？）
- [ ] I didn't know that.
  （知らなかった）
- [ ] Oh, dear.
  （あら，あら）
- [ ] What a surprise.
  （びっくりしました，驚き）
- [ ] That's unbelievable!
  （信じられない）
- [ ] Oh, you did?
  （あなたが？）
- [ ] Did you?
  （あなたが？）
- [ ] This is unexpected.
  （これは予想外です）
- [ ] I'm lost for words.
  （言葉を失う）
- [ ] That's breathtaking!
  （息をのむようだ，あっと言わせるような）

## 賛成する・反対する

- [ ] I'm for it.
  （賛成です）
- [ ] That's fine with me.
  （それで，私は大丈夫です）
- [ ] Ditto.
  （私も同じく）
- [ ] I'm on your side.
  （私はあなたの味方です）
- [ ] So do I.
  （私もそうです）
- [ ] That's ok with me.
  （それで私は大丈夫です）
- [ ] I agree with you.
  （あなたに賛成です）
- [ ] Nope.　　[ ] Stop it.
  （いいえ）　　（止めて）
- [ ] Thanks, anyway.
  （とにかくありがとう）
- [ ] Objection!
  （反対）
- [ ] No way.
  （とんでもない）
- [ ] Let me sleep on it.
  （一晩, 考えさせて下さい）
- [ ] I feel so, too.
  （私もそう思います）

- [ ] You can say that again.
  （おっしゃる通りです）
- [ ] Definitely.
  （絶対，確信を持っている）
- [ ] I'm with you.
  （分かります，理解しています）
- [ ] I'm all for it.
  （それに大賛成です）
- [ ] You said it.
  （まったくその通りです）
- [ ] That's it.
  （それだ，まさにそれだ）
- [ ] I couldn't agree with you more.
  （全く同感です）
- [ ] Absolutely not.
  （絶対にダメ）
- [ ] I'm against it, I disagree.
  （反対です）
- [ ] I don't think so.
  （そうは思いません）
- [ ] Far from it.
  （とんでもない，それから程遠い）
- [ ] Let me think it over.
  （よく考えさせて下さい）
- [ ] I'm afraid I can't agree.
  （申し訳ないのですが,賛成できません）

## あやまる

☐ I apologize.
（すみません）

☐ My apologies.
（ごめんなさい）

☐ I'm really sorry about that.
（それについては本当にごめんなさい）

☐ I'm terribly sorry.
（本当に申し訳ありません）

☐ Sorry about that.
（ごめんなさい）

☐ I am deeply sorry.
（深くおわびします）

☐ I didn't mean it (that).
（そんなつもりではなかったのです）

☐ Sorry for interrupting.
（邪魔してすみません）

☐ I owe you one.
（恩にきます〈１つ借りが出来た〉）

☐ I shouldn't have done that.
（そんな事，すべきじゃなかった）

☐ My bad.
（私が悪いんです）

☐ Sorry to interrupt.
（お話しの途中失礼します）

☐ I really messed up.
（大失敗しました）

☐ My fault ／ My mistake.
（私のせいです,私のまちがいです）

☐ It's my fault.
（私のせいです）

☐ Forgive me.
（許して）

☐ Please forgive me.
（許して下さい）

☐ I am sorry for the short notice.
（直前のお知らせになってすみません）

☐ Please accept my apologies.
（心よりお詫び申し上げます）

# ひさしぶり

☐ Long time no see.
（ひさしぶり）

☐ It's been a long time.
（ひさしぶりです）

☐ It's been ages.
（ひさしぶり）

☐ It's been a while, hasn't it?
（お久しぶりですね）

☐ How have you been?
（お元気でしたか？）

☐ You haven't changed at all.
（あなた, 全然変わってないですね）

☐ Fancy meeting you here.
（こんな所でお会いするなんて）

☐ I haven't seen you for a long time.
（ご無沙汰しております）

☐ This is for the first time in 10 years to see you.
（お会いするの 10 年ぶりですね）

☐ I have been good.
（ずっと元気でした）

☐ Same old same old.
（相変わらず）

☐ I've been very busy.
（ずっと忙しかったです）

☐ It seems like only yesterday.
（つい昨日のことのようだ）

☐ It has been a long time since I saw you last.
（この前お会いしてから, ずいぶんたちましたね）

☐ I met him for the first time in a while.
（彼に久しぶりに会いました）

☐ What's going on?
（最近どうしてる？）

☐ What's up?
（どうしたの, 変わりない？）

## SNS

- [ ] Are you on Facebook?
  （フェイスブックしてますか？）
- [ ] Do you use Line?
  （ラインしてますか？）
- [ ] Let's exchange contacts.
  （連絡先交換しましょう）
- [ ] Are you on Line?
  （ラインしてますか？）
- [ ] Is wi-fi available here?
  （ここは, ワイファイが利用できますか？）
- [ ] The connection is slow.
  （接続が遅い）
- [ ] Free wi-fi is available here.
  （ここは, 無料でワイファイが利用できます）
- [ ] The wi-fi is lightning fast.
  （ワイファイの速度が速い）
- [ ] Can you text me?
  （メールしてくれますか？）
- [ ] I'll text you.
  （メールするね）
- [ ] Thank you for the (your) prompt reply (response).
  （迅速な返信ありがとうございました）
- [ ] I replaced my smartphone the other day.
  （先日, スマホを買い替えた）
- [ ] My phone is dead.
  （携帯の充電が切れた）
- [ ] I'm surfing the net.
  （ネットサーフィンしてます）
- [ ] I've got bad reception.
  （電波が悪い）
- [ ] I've got no reception.
  （電波がまったくない）
- [ ] Sorry, I lost my internet connection.
  （すみません, ネットの接続が切れました）
- [ ] Can I post this on social media?
  （SNS に投稿していいですか？）
- [ ] I made a typo.
  （タイプミスをしました）
- [ ] Many people are texting while riding on the train.
  （たくさんの人が, 電車に乗っている時, メールをしている）
- [ ] Her blog went up in flames.
  （炎上した）
- [ ] Our video is going viral.
  （私達の動画がバズっている）

## ■ 観光①

☐ How long does it take to get there on foot?
(歩いてそこまでどれくらいかかりますか？)

☐ Where is this on my map?
(私の地図上ではどこですか？)

☐ How much is the admission fee?
(入場料はいくらですか？)

☐ Could you take our picture?
(私達の写真を撮って頂けますか？)

☐ Could you take a picture with that building?
(あの建物と一緒に写真撮ってもらっていいですか？)

☐ Could you take a picture with the background?
(背景と一緒に撮ってもらっていいですか？)

☐ May I take a picture with you?
(あなたと一緒に写真撮っていいですか？)

☐ Let's have a picture taken together.
(一緒に写真を撮りましょう)

☐ Could you tell me how to get to ～ ?
(～への行き方を教えて頂けませんか？)

☐ What time does it begin?
(それは，何時に始まりますか？)

☐ Does the tour include meals?
(そのツアーには，食事が付いてますか？)

☐ How long does the tour take?
(そのツアーは，どれくらいかかりますか〈所要時間〉)

☐ Around what time will we come back?
(だいたい何時頃帰って来ますか？)

## ■ 観光②

☐ From where and what time does the tour leave?
（何処から，何時にツアーは出発しますか）

☐ Are there any free brochures?
（無料の案内書がありますか？）

☐ Do you sell any official merchandise?
（オリジナルグッズを売っていますか？）

☐ Is this the end of the line?
（ここが列の最後ですか？）

☐ What time does it open and close?
（開店と閉店の時間を教えて下さい）

☐ What's this line for?
（これは何の列ですか？）

☐ What is this town famous for?
（この町は，何が有名ですか？）

☐ I enjoy local foods while traveling.
（旅行中に，郷土料理を楽しみます）

☐ The coins (bill) go here.
（コインはここに入れて下さい）

☐ Put the coins in here.
（コインはここに入れて）


＜写真を撮る＞

☐ Can you put the 〜 on my hands?
（〜を私の手の上に乗せる感じで写真撮ってもらえますか？）
写真を撮る人が指示する英語フレーズ。

- [ ] Move to the right (left).
  (右に動いて〈左に〉)

- [ ] Too far.
  (遠すぎる)

- [ ] There.
  (そこ)

- [ ] Squeeze in.
  (もっとつめて)

- [ ] I'm not very photogenic.
  (私は写真写りがよくない)

- [ ] Taking photos is allowed here.
  (写真を撮ることは，ここでは許可されています)

- [ ] May I take a photo of you guys?
  (あなた達の写真を撮っていいですか？)

- [ ] The view is picturesque.
  (景色が絵のように美しい)

- [ ] I'm taking a phone charger with me just in case.
  (念のために，充電器を持っています)

- [ ] The battery runs low.
  (バッテリーが少なくなっている)

スペイン（ゴルドバ）
メスキータ（礼拝堂）

# ■ つなぎの言葉

- [ ] something like that
  （大体そんな感じ, 〜など, 〜とか）
- [ ] such as
  （など, ような, 例えば）
- [ ] kind of
  （〜のような）

- [ ] after all
  （結局）
- [ ] eventually
  （最終的に）
- [ ] as a result
  （結果として）
- [ ] anyway
  （とにかく）

- [ ] then
  （それから）
- [ ] besides
  （その上, さらに）
- [ ] furthermore
  （さらに, その上に）
- [ ] even though
  （〜であるけれども）

- [ ] once again
  （また, さらに）
- [ ] except
  （〜を除いて, 以外は）
- [ ] in contrast
  （〜とは対照的に, その一方）

- [ ] while
  （ところが一方）
- [ ] on the other hand
  （一方）
- [ ] since
  （〜だから, 〜のゆえに）

- [ ] also
  （〜もまた）
- [ ] likewise
  （同様に）
- [ ] in other words
  （言い換えれば, つまり）

- [ ] due to
  （〜のため）
- [ ] because of
  （〜のために, 〜のせいで）
- [ ] so
  （それで, そのようにして）

- [ ] in the end
  （ついに, とうとう）
- [ ] at last
  （ついに）
- [ ] finally
  （ついには, ついに）

- [ ] in general
  （一般に, 概して）
- [ ] either way
  （どちらにしても）
- [ ] and then
  （それから, その後）

- [ ] in particular
  （特に）
- [ ] especially
  （特に）
- [ ] first of all
  （まず第一に）

- [ ] to me
  （私にとって〈自分の意見を述べる時〉）
- [ ] for me
  （私にとって〈目的を成し遂げるための〉）

- [ ] as I said before（earlier）
  （前にも言ったように）
- [ ] for example（instance）
  （たとえば）

- [ ] for some reason
  （なんらかの理由で, どういう訳か）
- [ ] as you mentioned earlier
  （先ほどもあなたがおっしゃったように）

# ■ 誘う

☐ What do you say to going to the beach?
（海に行くのはどうでしょう？）

☐ Why don't you join us?
（参加しませんか？）

☐ Thank you for asking.
（誘ってくれてありがとう，お気遣いありがとう）

☐ What if we have a picnic this Saturday?
（今週の土曜日，ピクニックに行くのはどうですか？）

☐ I wish I could, but I can't.
（できたらいいですが，行けません）

☐ Thank you, but I'm busy on that day.
（ありがとう，でもその日は忙しいです）

☐ I have a previous appointment.
（先約があります）

☐ May I have a rain check?
（また今度, この次また誘ってね）

☐ Maybe some other time.
（また，別の機会にね）

☐ I'll pass this time.
（今回はパスします）

☐ Let's hang out this weekend.
（今週末遊びに行かない？）

☐ I'd love to.
（ぜひとも）

☐ Welcome to the Neighborhood Party.
（ご近所さんパーティーにようこそ）

☐ What's your plan for this weekend?
（今週末のあなたの予定は何ですか？）

☐ Nothing in particular.
（特に何もありません）

☐ Anytime is fine with me.
（いつでもいいです）

☐ Can we stop at this stall?
（この屋台に立ち寄りませんか？）

## ■ 別れ際のあいさつ

☐ Well, it's about time to go.
（さあ，そろそろ行く時間です）

☐ Take care.
（気をつけて）

☐ I have to go.　☐ I've got to go.
（行かなくっちゃ）　　（行かなくっちゃ）

☐ See you soon.
（また近いうちに会いましょう）

☐ Cheers.　　☐ Catch you later.
（またね）　　　（また後でね）

☐ See you later.
（またあとで会いましょう）

☐ I look forward to seeing you again.
（また会えるのを楽しみにしています）

☐ Take it easy.
（お気楽にね，またね）

☐ Bye for now.
（ひとまず, さようなら／とりあえず, お別れです）

☐ Hope to see you again.
（またお会いしましょう）

☐ See you around.
（またどこかで会いましょう〈約束はしないけど，おそらくまた会う〉）

☐ Nice meeting you.
（はじめまして）

☐ It's pleasure to meet you.
（お会い出来て嬉しいです）

☐ Stay safe.
（安全に過してね）

☐ Stay warm.
（暖かくして過してね）

☐ I must be going.
（そろそろおいとましないといけません）

☐ Stay dry.
（雨に濡れないよう気をつけてね）

☐ I'm off.
（行ってきます）

☐ Talk to you later.
（あとで話しましょう）

☐ Until we meet again.
（また会う時まで）

☐ Let's catch up soon.
（近いうちに会いましょう）

☐ I had a very good time.
（とても楽しかった）

☐ Drive safely.
（安全運転でね）

☐ See you then.
（じゃ，その時）

☐ I'll text you.
（メールするね）

☐ Do you do anything special to keep fit?
（健康を保つために何か特別なことしていますか？）

☐ I go to the fitness club for swimming.
（スイミングをしにフィットネスクラブに行きます）

☐ He has to refrain from salty dishes.
（彼は，塩分の多い食事を控えなければならない）

☐ I haven't been exercising enough lately.
（最近は，充分な運動をしていません）

☐ I have an upset stomach.
（おなか〈胃の〉調子が悪い）

☐ Why don't you get a medical checkup?
（健康診断を受けたらどうですか？）

☐ You've lost a lot of weight.
（体重を大幅に減らしましたね）

☐ I want to lose 5 kilograms.
（私は，5キロ減らしたい）

☐ I was stung by a bee.
（ハチに刺された）

☐ I was bitten by a mosquito.
（蚊に刺された）

☐ I have really stiff shoulders.
（とても肩が痛いです，肩がこっています）

☐ I have lower back pain.
（腰が痛いです）

☐ I had a rash.
（湿疹ができました）

☐ I have a chronic illness.
（持病があります）

☐ I got burnt.
（やけどした）

## 健康・不調②

☐ I put on more than three kilos.

（3キロ以上体重が増えた）

☐ What is most important is not to overeat.

（最も重要な事は，食べすぎないことである）

☐ I do aerobics in order to stay in shape.

（体型を保つためにエアロビをしています）

☐ I work out in a gym.

（ジムで運動をしています）

☐ I jog for an hour or so.

（1時間かそこらジョギングしています）

☐ I have a rash on my neck.     ☐ I have hives on my arm.

（首に湿疹ができました）       （腕にじんましんができている）

☐ I still feel tired.           ☐ I feel dizzy.

（まだ疲れています）         （めまいがします）

☐ I have a stomachache.      ☐ I have a stuffy nose.

（お腹が痛い）             （鼻がつまっています）

☐ I can't stop coughing.      ☐ I got hurt.

（せきがとまりません）       （怪我をした）

☐ I cut my finger.          ☐ My back aches.

（指を切りました）          （背中が痛い）

☐ I burned my hand.        ☐ I broke my leg.

（手をやけどしました）      （足を折りました）

☐ My left eye is swollen.

（左目が腫れています）

☐ There is a ringing in my ears.

（耳鳴りがします）

☐ I have really sore shoulders.
（とても肩が痛いです）

☐ I suffer from a terrible back pain.
（ひどい腰痛に悩まされています）

☐ My joints ache.
（節々が痛む）

☐ I'm allergic to pollen.
（花粉アレルギーです）

☐ Your knee is bleeding.
（ひざから血が出ているよ）

☐ I just tripped.
（ちょっとつまずきました）

☐ I have high blood pressure.
（高血圧です）

☐ My stomach feels heavy.
（胃が重たいです）

フランス
モンサンミッシェルの
有名なオムレツ屋さん

さあ，いろいろと勉強してきましたね。ではいよいよ，思い切って外国人に話しかけてみましょう。

　でも，なかなかその勇気もないし，きっかけもないですよね。
　待っていても，なかなか，そのチャンスはやってきません。
　そんな時にオススメなのは観光地です。
　ふらりと近くの観光地に足を運んでみて下さい。
　そこには必ず外国人がいるはずです。

　にっこり微笑んで，勇気を持って話しかけて下さい。
　もしその人が道に迷ってる様子だったら，道案内のところで学習したフレーズを使ってみて下さい。

　完璧じゃなくていいんです。英語はコミュニケーションのツール。
　気持ちを持って伝えれば，必ず伝わります。
　これまで学習したことを，どんどん発揮できるよう願っております。

　次からの２ページに，外国人に質問をする時のフレーズをいくつかご紹介致します。
　この中から，１つ２つ選んで聞いてみて下さい。
　きっと優しく答えてくれるはずです。

　話しかけた，通じた，という経験がまた大きな自信につながり，次の学習意欲への大きなステップとなります。

# 外国人に質問をしてみる

How do you like Japan?

（日本はいかがですか？）

What kind of Japanese food do you like?

（どんな日本食が好きですか？）

Where have you been in Japan?

（日本では今までどこに行ったことがありますか？）

Are you here on vacation or on business?

（休暇ですか，それとも仕事で来られたんですか？）

What brought (brings) you to Japan?

（日本に来られたきっかけは何ですか？）

What part of America do you come from?

（アメリカの何処から来られましたか？）

What comes to mind when you think of Japan?

（日本というと何が頭に思い浮かびますか？）

How long have you been in Japan?

（日本に来てどれくらいになりますか？）

Are you used to life in Japan?

（日本の生活には慣れましたか？）

How did you like it in Japan?

（日本の生活はどうですか？）

Where did you learn Japanese?

（日本語は，どこで学ばれましたか？）

Do you have any siblings?

（ご兄弟（姉妹）はいらっしゃいますか？）

What do you do?

（お仕事は何ですか？）

What's your line of work?

（業種は何ですか？）

What's your speciality?

（あなたの専門は何ですか？）

What field are you in?

（どんな分野に所属されていますか？）

What are your interests?

（何に興味がありますか？）

What are you good at?

（得意なことは何ですか？）

What are you into now?

（今，ハマっている事は何ですか？）

How do you usually spend in your free time?

（暇な時は，たいてい何をして過ごされますか？）

How do you get rid of stress?

（どうやってストレス解消されていますか？）

Do you have any plans for this vacation?

（この休暇に，何か予定はありますか？）

What does your name stand for?

（あなたの名前は，何の意味を表していますか？）

ルーヴル美術館
サモトラケのニケ

# 実践英会話―日本語訳

　最後のセクションは，実践英会話練習 Scene 1 ～ Scene 21 までの会話文の日本語訳です。

　充分に実践練習をしたあとは，こちらの日本文を見て，英語を言ってみましょう。

　いわば，力だめしのページです。

　練習の成果がどれだけ出ているのか，どれだけ英語が定着したか，ご自分でチェックしてみて下さい。

　覚えたところには，またチェック ☑ を入れてみて，チェックの数をどんどん増やしていって下さい。

　チェックの数が少なければ，また英文のページに戻り，何度も何度も繰り返し練習されることをおすすめします。


　また，会話文の下の方が，メモ欄になっています。ここは，日本文だけを言ってみてどうしても出てこない，覚えられない単語，フレーズ等を書き込むスペースです。

　これらをヒントにしながら，また上の日本語の会話文だけを見て練習します。そして，ついには，そのメモ欄も見ずに英語が言えるようになる。それが最終目的です。


　さあ，それでは Scene 1 からコツコツと練習して，習得していきましょう。

# Scene 1　出会い

☐ A：こんにちは，リサと言います。

☐ 　お名前を聞かせてもらってもいいですか。

☐ B：こんにちは，サキです。はじめまして，お会いできて嬉しいです。

☐ A：こちらこそ。

☐ B：私は，元々大阪出身なんです。今は熊本に住んでいます。

☐ A：あら，そうなんですね。なんて偶然なんでしょう。

☐ 　私の母も大阪出身だから，何度も行った事があります。

☐ 　私は，生れも育ちも福岡で，10年前にここに引越して来ました。

☐ 　ところで，素敵な時計をしてますね。とっても似合ってますよ。

☐ B：あ，これですか？　ほめて頂いて嬉しいです。古い時計ですけどね。

☐ A：デザインがカッコイイですね。お仕事は何をされていますか？

☐ B：私は，歯科衛生士です。あなたは？

☐ A：私はＡＢＣオフィスという会社に勤めています。

☐ 　会計（経理）担当です。

☐ B：お話しできて良かったです。これからも連絡取り合いましょうね。

☐ A：もちろんです。

---
## Memo
---

# Scene 2　待ち合せ・約束

☐ Ａ：一緒に買い物行かない？

☐ Ｂ：いいねぇ。

☐ Ａ：いつにする？

☐ Ｂ：金曜日以外だったらいつでもいいよ。

☐ Ａ：じゃあ，来週の水曜日はどう？

☐ Ｂ：大丈夫よ。

☐ Ａ：それで，何処で会う？

☐ Ｂ：ＡＢＣデパートの近くは？

☐ Ａ：いいね。何時が都合いいの？

☐ Ｂ：朝の 11 時ぐらいかな。

☐ 　　それでいい？

☐ Ａ：問題ないよ。ドアの所で待ってるね。

☐ Ｂ：これで決まり！　じゃ，その時にね。

☐ Ａ：楽しみ！

━━━━━━━━　**Memo**　━━━━━━━━

# Scene 3　道案内

☐　A：何かお困りですか？

☐　B：〜駅に行きたいのですが。

☐　　　どうやったら行けますか？

☐　A：2番目の信号までまっすぐ行って下さい。

☐　　　それから，左側に停留所が見えます。

☐　　　駅までは，その電車に乗ったら行けますよ。すぐ，わかりますよ。

☐　B：ありがとうございます。駅まで，どれくらいかかりますか？

☐　A：約20分くらいです。

☐　　　そこから，7駅ですよ。

☐　B：わかりました。とても助かりました。

☐　A：どういたしまして。

☐　　　電車を降りる時に，料金を払って下さいね。

　　　（降りる時に，料金箱にお金を入れて下さいね）

　　　※海外では，通常乗る時に料金を払う事が多い

☐　　　滞在を楽しんで下さいね。

☐　B：はい，ありがとうございます。

---

## Memo

106

## Scene 4　天気

☐ A：散歩には，最高の天気ですね。

☐ B：本当。

☐ A：明日の天気はどうなんだろう？

☐ B：晴れるらしいですよ。

☐ A：それは良かった。この天気がずっと続いたらいいなあ。

☐ B：本当，その通り。先週はかなり雨が降りましたからね。

☐ A：そう言えば，私達今週末，日帰り旅行に行くのよね。

☐ 　　その日の天気はどうかしら？

☐ B：天気予報によると，今週末は雨らしいですよ。

☐ 　　それでも，旅行はありますか？

☐ A：そう，雨天決行ですよ。

☐ 　　だから，念のため，雨具を持ってきて下さいね。

☐ B：了解です。

---

## Memo

# Scene 5　パーティー（ポットラックパーティー）

☐　A：今度の土曜ポットラックパーティーをするの。

☐　　　あなたに是非来て欲しいんだけど。

☐　B：できれば行きたいんだけど，誰が来るの？

☐　A：会社の友達よ。あなたもお友達連れてきて。多い方が楽しいから。

☐　B：分かった。予定をチェックしてあとで連絡するね。

☐　A：必ずメールしてね。あなたの参加，大歓迎だから。

☐　　　ポットラックパーティーだから，何か飲み物とお料理を持ってきてね。


〈パーティーに参加する〉

☐　A：ようこそ，いらっしゃいました。お待ちしてましたよ。

☐　B：お招きありがとうございます。傘はどこに置いたらいい？

☐　A：ここに置いて，どうぞ，入って。

☐　　　素敵な服，とっても似合ってるわよ。

☐　B：ありがとう。お世辞でもうれしい。

☐　　　友達を紹介するわ。"さや"さんです。

☐　A：あら，さやさん。初めまして。お会いできてうれしいです。

☐　C：こちらこそ。


## Memo

# Scene 6　交通

☐ A：遅れてごめんなさい。

☐ B：気にしないで。何かあったの？

☐ A：来る途中，渋滞にはまっちゃった。

☐ B：ひどいね。この時間帯は，その辺は混むからね。

☐ A：あなたはどうやって来たの？

☐ B：地下鉄よ。思ったより混んでなかった。

☐ 　地下鉄は，いつもすごく混むんだけれど，何でか知らないけど今日
は混んでなかった。

☐ A：ついてたね。

☐ B：会議が 10 分後に始まるわ。

☐ 　少し遅れてるから，間に合うように急ぎましょう。

☐ A：了解。

━━━━━━━━━━━━━━ **Memo** ━━━━━━━━

# Scene 7　趣味について話す（映画）

- [ ] A：時間がある時，何をしていますか？
- [ ] B：よく映画を見に行きます。映画ファンなんですよ。
- [ ] A：へえ，そうなんですね。どんな映画が好きですか？
- [ ] B：いろんなジャンルの映画が好きですよ。でも特に恋愛ものが好きかな。
- [ ] A：最近，どんな映画を見ましたか？
- [ ] B："映画のタイトル" を見ました。
- [ ] A：どうでした？
- [ ] B：かなりスリルがありましたね。
- [ ] 　　はらはらドキドキで，とても感動的でした。
- [ ] A：主演は誰ですか？
- [ ] B："俳優の名前" です。
- [ ] 　　とってもかっこ良かったですよ。見る価値ありますよ。
- [ ] 　　ぜひ見てみて下さい。
- [ ] A：そうですね。見てみようかな。

## Memo

# Scene 8　スポーツについて

- [ ] A：どっちのチームがリードしているの？
- [ ] B："チーム名を入れて下さい" が逆転したよ。
- [ ] A：本当？　なんて接戦なんだろう。
- [ ] B：確かに。ところで，何のスポーツが好きなの。
- [ ] A：実は，僕は，あんまりスポーツが得意じゃなくて。
- [ ] 　　でも観戦するのは好き。
- [ ] B：そうなんだ。僕は，いくつかのスポーツにはまっている。
- [ ] 　　例えば，サッカーとか野球とか。
- [ ] 　　会社のサッカークラブのメンバーなんだ。
- [ ] A：どれくらいサッカーやってるの？
- [ ] B：10 年ぐらいかな。
- [ ] A：すごいね。
- [ ] 　　僕は，ビールを飲みながら野球観戦するのが大好きなんだ。
- [ ] B：言えてる。それ最高だね。

---

## Memo

# Scene 9　読書

☐　A：暇な時には，何をしてる？

☐　B：休みは，たいてい本を読んで過ごしているよ。

☐　A：どんな種類の本を読むのが好き？

☐　B：たくさんある。例えば，科学物，歴史，空想物，そんな感じかな。

☐　A：いろいろなジャンルに興味を持っているのね。

☐　　　今まで読んだ本の中で，一番おもしろかったのは何？

☐　B："本の名前を入れて下さい"。超オススメ。これは，必読だよ。

☐　A：わかった。読んでみるね。

---

## Memo

# Scene 10　音楽

☐ A：なにか楽器，ひきますか？

☐ B：昔，ピアノを習ってたんですよ。

☐ 　　また習い始めようかと考えているところです。

☐ A：あら，偶然ですね。

☐ 　　私も最近ピアノを習い始めたばかりですよ。

☐ B：同じことに興味を持ってて（熱中してて）嬉しいですよ。

☐ A：私も同感です。

☐ 　　今年の秋，ピアノの発表会に参加する予定です。

☐ 　　だから，今ほとんど毎日練習してます。

☐ B：そうなんですね。がんばって下さい。

☐ A：ありがとうございます。がんばります。

☐ 　　音楽は，私の生活になくてはならないものなんです。

☐ B：ほんと，その通りですね。

──────────── **Memo** ────────────

# Scene 11　家事

☐ A：今日の午後，親戚を家に呼ぶ予定なんだけど。

☐ B：え，いいねえ。

☐ A：お手伝いしてくれる？

☐ B：いいよ。何をすればいいの？

☐ A：たくさん雑用があるのよ。

☐ 　　たとえば，お皿洗い，洗濯，庭の草取り，床拭きとかいろいろ。

☐ B：えー，そんなにたくさん！

☐ A：心配しないで。お兄ちゃん達と分担してやったらいいわ。

☐ B：安心した。

☐ A：まずは，私がお皿を洗うから，それをしまってくれない？

☐ B：了解。このお皿どこにしまえばいいの？

☐ A：食器棚の2段目よ。

---

## Memo

## Scene 12　健康・体調

☐ A：夕べは，よく寝れた？

☐ B：まあまあ。ちょっと風邪気味で声がかすれているんだ。

☐ A：わ，それは良くないね。病院へは行ったの？

☐ B：いや，まだ。でも今はだいぶ良くなった。

☐ 　　ところで，あなたはいつも元気いっぱいね。

☐ 　　どうやって，体調管理してるの？

☐ A：食べ物や，飲み物に気をつけてるの。

☐ 　　それから，毎日家で運動している。

☐ B：そうなんだ。だから，体型ずっと維持してるのね。

☐ 　　私は，最近体重が増えたの。

☐ 　　甘いもの減らさなきゃね。

☐ A：たぶんね。食べ過ぎに気をつけて，適度な運動をしてね。

☐ B：それが健康維持するためのキーポイントね。

☐ A：その通り！！

━━━━━━━━━ **Memo** ━━━━━━━━━

# Scene 13　家族

- [ ] A：兄弟（姉妹）は，いますか？
- [ ] B：2人の兄と，2人の妹がいます。
- [ ] A：え，大家族ですね。あなたが一番上？
- [ ] B：いいえ，私は下から2番目です。
- [ ] A：お父さんってどんな感じの人ですか？
- [ ] B：背が高くて，がっちりしています。
- [ ] A：何かスポーツをされてたんですか？
- [ ] B：はい，若い頃サッカーをしてたみたいです。
- [ ] 　すごく厳しい人ですけど，思いやりがある人です。
- [ ] A：お父さんに似てますか？
- [ ] B：はい，よく，父にソックリだと言われます。
- [ ] 　目が似てるかなと思います。
- [ ] 　趣味が一緒だったり，考え方が同じだったり。
- [ ] A：この親にして，この子あり。

## Memo

# Scene 14　旅行（チェックイン）

- [ ] A：預ける荷物はいくつですか？
- [ ] B：1つだけです。
- [ ] 　　もう1つは，機内に持ち込みます。
- [ ] A：窓側の席がよろしいでしょうか？
- [ ] 　　通路側がよろしいでしょうか？
- [ ] B：窓側でお願いします。
- [ ] 　　一緒に座りたいのですが，隣席は空いてますでしょうか？
- [ ] A：かしこまりました。
- [ ] 　　最終目的地は，どちらでしょうか？
- [ ] B：ニューヨークです。
- [ ] 　　壊れ物扱いにして頂いてよろしいでしょうか？
- [ ] 　　これは，最終目的地まで行きますか？
- [ ] A：はい。最終目的地までお届けします。
- [ ] B：ありがとうございます。

## Memo

# Scene 15　旅行（入国審査）

☐ A：パスポートを見せて下さい。

☐ B：はい，どうぞ。

☐ A：目的は何ですか？

☐ B：観光です。

☐ A：団体旅行ですか？

☐ B：はい，そうです。

☐ A：最終目的地はどこですか？

☐ B：ロサンゼルスです。

☐ A：滞在期間は，どれぐらいですか？

☐ B：7日間です。

☐ A：申告するものは，何かありますか？

☐ B：何もありません。

## Memo

# Scene 16　旅行（機内）

☐ A：この荷物を上げて頂けますか？

☐ B：かしこまりました。

☐ A：日本の雑誌は何かありますか？

☐ B：はい，少々お待ち下さい。

☐ A：少し寒いです。もう一枚毛布を頂けますか？

☐ B：もちろんです。すぐお持ちします。

☐ A：この娯楽システムの使い方を教えて下さい。

☐ B：了解致しました。

☐ A：すみません，何か食べる物はありませんか？

☐ 　　お腹がすいてきました。

☐ B：お菓子やヌードルがあります。

☐ A：では，ヌードルを頂いていいですか？

☐ B：かしこまりました。少々お待ち下さい。

☐ 　　すぐお持ちします。

☐ A：いろいろありがとうございます。

## Memo

# Scene 17　旅行（機内サービス）

- [ ] A：お飲物は何にされますか？
- [ ] B：何がありますか？
- [ ] A：ビール，ジュース，ワイン，それからカクテル等もあります。
- [ ] B：じゃ，白ワインを下さい。
- [ ] A：了解です。はいどうぞ。
- [ ] 　お肉とお魚，どちらになさいますか？
- [ ] B：お魚でお願いします。
- [ ] A：コーヒーと紅茶どちらになさいますか？
- [ ] B：コーヒーがいいですね。
- [ ] A：ミルクとお砂糖はどうされますか？
- [ ] B：ミルクだけお願いします。
- [ ] 　それから，薬を飲みますので，お水を一杯頂けますか？
- [ ] A：少々，お待ち下さい。

- [ ] A：お食事，お済みですか？
- [ ] B：はい，おいしかったです。
- [ ] 　食器，下げてもらっていいですか？
- [ ] A：かしこまりました。

## Memo

## Scene 18　旅行（ホテル）

☐ A：いらっしゃいませ。

☐ B：チェックインをお願いします。

☐ A：ご予約はされていますか？

☐ B：はい，"_____" という名前で予約してます。

☐ 　　これが確認用紙です。はい，どうぞ。

☐ A：了解致しました。これがお部屋のかぎです。

☐ 　　そしてこちらが朝食引き換え券です。

☐ B：朝食は何時からですか？

☐ A：6：30 から 8：30 までです。二階のメインホールでご準備しています。

☐ B：わかりました。ありがとうございます。


☐ 　〈部屋に入って〉

☐ A：このくだものは，サービス（無料）ですか？

☐ B：はい，そうです。どうぞお召し上り下さい。

☐ A：お湯が出ません，修理に来て頂けませんか？

☐ B：かしこまりました。すぐに，そちらへ向かわせます。

☐ 　　しばらくお待ち下さい。


## Memo

# Scene 19　ショッピング

☐ Ａ：すみません，キーホルダーはどこにありますか？

☐ Ｂ：左側から３番目の通路にあります。

☐ Ａ：ありがとうございます。それから文房具はありますか？

☐ Ｂ：はい，ございます。５番通路のところにあります。


〈買い物が済んでレジでの会話〉

☐ Ａ：これを買います。プレゼント用に包んでもらえますか？

☐ Ｂ：はい，大丈夫ですよ。

☐ Ａ：別々に包んで下さい。全部でいくらですか？

☐ Ｂ：65 ドルです。

☐ Ａ：カードでいいですか？

☐ Ｂ：はい，もちろん，使えますよ。

☐ Ａ：税金も含んでますか？

☐ Ｂ：税込みの合計金額です。

☐ Ａ：すごいお買得ですね。このお店はコスパがいいですね。

☐ 　　楽しく買い物ができましたよ。

☐ Ｂ：そう言って頂けて，とても嬉しいです。

☐ 　　お客様に喜んで頂くことが，私達のしあわせです。


## Memo

# Scene 20　食事（レストラン）①

☐　A：ご注文は，お決まりですか？

☐　B：飲み物はどんなものがありますか？

☐　A：アルコール類，ソフトドリンク，コーヒー，だいたい何でもありますよ。

☐　　　おっしゃって下さい。

☐　B：そうなんですね。じゃあ取りあえずビールを下さい。

☐　　　何か地元の名物料理とかありますか？

☐　A：もちろんあります。当店自慢の看板メニューは，ビーフシチューです。

☐　　　ディナーのコース料理としてお出ししております。

☐　　　赤ワインに良く合いますよ。

☐　B：絶対においしいでしょうね。

☐　　　ワインは，グラスでも注文できますか？

☐　A：もちろんです。ちょっとしたおつまみも付いています。

☐　B：それはいいですね。パンが付いてきますか？

☐　A：はい，バゲットが付いています。

☐　B：完璧！　それにします。

☐　A：良かったです。他にご注文は？

☐　B：今のところ，それで大丈夫です。

---

## Memo

# Scene 21　食事（レストラン）②

- [ ] B：やっぱりこれに限るね。
- [ ] C：そのとおり。長い1日の後のビールは最高だね。
- [ ] B：ほんと，この上なく幸せな気分。それに料理もおいしい。

〈server がお皿を下げにきました〉

- [ ] A：お済みですか？
- [ ] B：いいえ，まだ食べてるところです。

〈支払い〉

- [ ] A：こちらが，お勘定です。
- [ ] B：税とチップが含まれていますか？
- [ ] A：はい，含まれています。
- [ ] C：割り勘にしよう。
- [ ] B：いや，いや，僕のおごりだよ。
- [ ] C：そうか。それでは，お言葉に甘えて。
- [ ] B：遠慮しなくていいよ。
- [ ] 　シーフードやお肉，とってもおいしかったですよ。
- [ ] 　おいしいお料理，ありがとうございました。
- [ ] A：どういたしまして。ご来店ありがとうございました。
- [ ] 　またのお越しをお待ちしております。

## Memo

# あとがき

　私は三人姉兄の末っ子として，田舎の家庭に育ちました。中学の頃から非常に英語に興味を持ち，海外ドラマを見ては，海外生活にあこがれ，洋楽を聞いては，その歌詞を必死に日本語に訳し，歌詞を覚えて歌ったりしていました。

　中学校の同級生の話によると，私はよく外国人（当時は非常にめずらしかった）を見かけると，追いかけて行って積極的に話しかけていたそうです。

　しゃべれるはずもないのに，好奇心のなせる業です。

　いつかは海外へ行ってみたいという私の気持ちはふくらむばかりでした。頭の中に"留学"という言葉がよぎる時もありましたが，その頃の私にとっては無縁のものでした。

　それはお金持ちの家の子供がするものだと決めつけていました。

　その後も私の英語好きは留まることを知らず，大学卒業後，地元の放送局が当時手がけていた英会話教室の講師となって，日々英語教育に力を注いでいました。

　ある日，大人クラスのレッスン中に，旅行代理店の営業スタッフが"社会人のための海外留学"というパンフレットを持ってやって来ました。

　私は大人の生徒さん達と一緒に，説明を聞くことになりました。

　社会人の海外留学，その言葉に強い衝撃を受けたのです。

　そして，その時，留学イコール学生，お金持ち，という方程式がガラガラと音を立ててくずれていくのが分かりました。

　「そうか，留学やホームステイは学生の為だけのものではないのだ。年齢には関係なく，誰でも行ける。お金も親に頼らず，社会人の今なら自分で稼いだお金で行ける」

　それから私は，物事をステレオタイプで考えるのを止めました。

　物事を一つの方向からではなく，目標達成のために，いろいろなアングル

から見るようになったのです。

　全て型やぶりで，がむしゃらに走り始めました。


　いくつかの留学・ホームステイの幹旋会社を訪ねました。

　当時まだ4歳だった一人娘がいたので，私には仕事をしながらの長期留学は到底無理でした。


　そこで，無理ならば違う方法でと考えだしたのが，毎年，1ヶ月でもいい，2週間でもいい，海外に行き英語を勉強しよう，ということでした。

　その小さな積み重ねが，いつか大きな力になる。

　そう強く決心をし，それから毎年渡航し，研鑽を積んだのです。


　最初に選んだ場所が，長年あこがれ続けてきたロサンゼルス。

　"カリフォルニアの青い空"をこの目で確かめてみたかったのです。


　たった一人で，不安と期待をいっぱい抱え，あこがれのアメリカへ向かいました。

　ロサンゼルスの空は本当に青かった。雨が降ることはめったになかった。


　子供がいるから行けない，仕事があるから行けない，全ての言い訳を打ち破って突き進んだのです。

　しかし，この裏には，父，母の後押し，主人の深い理解，娘の面倒を代わりにみてくれた主人の母の偉大なる支えがありました。


　帰国後，普段は寡黙な主人が「お前はすごいなあ，やったなあ」と満面の笑みで賛えてくれたことを，今でも忘れはしません。

　その言葉が，それからの私の大きな原動力になったのは言うまでもありません。


　それから毎年，ロス，サンフランシスコ，ニューヨーク，イギリス，オー

ストラリアと次々に海外へ英語を勉強しに行きました。時には娘と生徒を連れて，また時には大人の生徒さんを引率して，今に至るまで，渡航回数は50回近くとなりました。

　その中で培ったいろいろな体験，その土地で聞いた生の英語を，この本を通して，皆さんに伝えていきたい。

　私の英語大好きの熱量が伝わり，英語好きの人が一人でも増えることを願っています。


　私が小さい頃からあこがれ続けてきたアメリカは偉大で，私に大きな刺激を与え，期待を裏切らなかった。

　どの場面でも，まるで自分が見たあの映画のワンシーンの中に居るかのような気分になり，生の英語が私の周りを飛びかって，興奮冷めやらぬ日々を過しました。


　また，ヨーロッパを訪れた時，現地の言葉は何ひとつ理解出来なかったのですが，英語という万国共通の言葉で意思の疎通が出来ました。

　**“英語は，やっぱり魔法の言葉だ”** と実感した瞬間でした。


　その魔法の言葉を，皆さんに楽しく学んで頂きたいという思いで書き上げたこのテキストを，ぜひチェックのあとや，書き込み，マーカーでいっぱいにして欲しい。

　どうかボロボロになるまで使って頂きたい，それが私の願いです。

　そして，そうしてもらえれば，著者としてこの上なく嬉しく思います。


　最後になりましたが，私の元気の源となって，私にこの本を出版するきっかけを与えて下さった多くの生徒さん方に心から感謝申し上げます。

　そして，英文の校正を快く引き受けて下さり，監修をして下さった Joseph Tomei 教授に，この場をお借りして，厚く御礼申し上げます。


令和 3 年 10 月　中路美由紀

## 著者　中路 美由紀

熊本県出身，熊本市在住。佛教大学文学部英米学科を卒業。中学，高校英語一種免許を取得。ニューヨーク EF インターナショナルランゲージスクール語学留学を始め，アメリカ，オーストラリアでの語学研修等，50 回近くに及ぶ渡航経験を持つ。幼児，小・中学生を対象にした英会話教室を経営するかたわら，ラジオの DJ パーソナリティ，国際結婚の MC（司会）等で活躍。その経歴を生かし，腹式呼吸を取り入れたユニークな英会話レッスン，自身が提唱する "元気が出る英語" をモットーに，英会話講師として，幼児から大人まで幅広く指導している。現在は大人向けの English Link の英会話教室を主宰。

## 監修　Joseph Tomei

出身：米国
主な専門分野：言語学、E-ラーニング
オレゴン大学修士課程、バーミンガム大学博士課程を経て、現在、熊本学園大学外国語学部英米学科教授。

| | |
|---|---|
| **校正** | **松岡 伸枝** |
| **イラスト** | **池内 絵里奈** |
| **写真** | **中路 美由紀** |

# 大人のためのワクワク英会話　元気が出る英語

初版　令和 3 年 10 月 30 日発行
2 刷　令和 3 年 12 月 10 日発行

| | | |
|---|---|---|
| 著　　者 | 中路 美由紀 | |
| 監　　修 | Joseph Tomei | |
| 発 行 者 | 田村 志朗 | |
| 発 行 所 | ㈱梓書院 | |

〒 812-0044 福岡市博多区千代 3 丁目 2-1
tel 092-643-7075　　fax 092-643-7095

ISBN978-4-87035-725-9　　©2021 Miyuki Nakaji Co.,Ltd, Printed in Japan
乱丁本・落丁本はお取替えいたします。